Así Conocerás La Verdad

Recopilación de charlas
de Svami Purna

Svami Purna

Copyright © 2014 Adhyatmik Foundation
www.adhyatmik.org

Published by Purna Elements
www.purnaelements.org

ISBN: 978-0-9891286-5-0

Sri Sri Sri
Svami Purna Maharaj

*A*demás de ser un maestro espiritual, Svami Purna tiene doctorados en medicina, psicología, filosofía y literatura, por lo que se le ha concedido el título de «Vidia vacháspati», es decir, «Señor del estudio y del conocimiento». Al trascender cualquier tradición o método determinados, sus enseñanzas abarcan todos los aspectos de la condición humana y engloban tanto la búsqueda como el camino que conducen a la culminación del conocimiento espiritual. Gracias a su vasta sabiduría, sus respuestas abordan las cuestiones más profundas de la vida y convierten el camino espiritual en algo práctico, edificante y accesible para todo aquel que desee tomar conciencia de su propio pleno potencial. Al tiempo que nos enseñan a llevar una vida saludable, equilibrada y coherente, sus palabras marcan el rumbo para que los que ya están preparados logren la liberación en esta vida.

Tal y como dijo Moraryi Desai, el difunto Primer Ministro de la India que, a sus cien años, llevaba una vida espiritual y muy equilibrada siguiendo las pautas de Svamiji: «Son muchos los gurus que se han hecho famosos en occidente pero Svami Purna es uno de los pocos que también son muy respetados en la India».

NOTA SOBRE LA PRONUNCIACIÓN DE LA TRANSLITERACION DE LAS PALABRAS INDIAS Y SÁNSCRITAS

En la mayoría de los casos, al provenir las traducciones castellanas de traducciones de textos indios al inglés, no sólo no se adapta la pronunciación de las palabras sánscritas e indias a nuestro sistema gráfico sino que se conserva la extraña ortografía inglesa en castellano (como *Rajasthan*, que se pronuncia *Rayastán*; *Meera* que se pronuncia *Mira*; *pooja* o *puja* que se pronuncia *puya*; etc.), que el lector de lengua castellana pronuncia evidentemente mal. Por ello, hemos optado por aplicar las normas de transliteración que sigue la Real Academia Española.

- La Y se pronuncia como la *y* intervocálica del castellano o como la *j* en inglés, o *dj* en francés. Sin embargo, en el caso de algunas palabras ya integradas en nuestro idioma con ortografía inglesa, como *curry* (cuya transliteración más acertada al castellano sería *cari*) o *yoga* (pronunciado *ioga*), las hemos dejado tal cual.

Sin embargo, hemos optado por utilizar el carácter *J* en los casos en que ese sonido de la *J* inglesa cae al final de la palabra (*Maharaj*) para evitar que la *y* se pronuncie como *i* (como sucedería con la grafía *maharay*).

- La Z se pronuncia como la Z en inglés.

- La H es siempre aspirada como una J suave como se pronuncia en Latino América; cuando va después de una consonante, ésta se aspira.

- SH se pronuncia como la SH en inglés o CH en francés.

- Svami se pronuncia Suami.

Los idiomas indios tienen vocales cortas y largas que suelen tener un equivalente bastante aproximado en castellano en las vocales acentuadas y sin acentuar, salvo la A corta que es bastante más cerrada que la A castellana (y semejante a la A neutra del inglés, por ejemplo). Para transcribir en la medida de lo posible estos sonidos sin recurrir a los sistemas de trascripción ingleses, hemos añadido acentos tónicos para aproximar la pronunciación castellana al original, en el convencimiento de que no poner acentos en castellano equivale a marcar, por defecto, un acento tónico.

Indice

Prólogo		ix
1.	La política del cuerpo	1
2.	Llena la mente de positividad	8
3.	Las trampas de lo ilusorio	16
4.	Leyes de la Naturaleza y leyes humanas	19
5.	Herramientas para crecer	23
6.	Escucha a tu Ser Interior	28
7.	Capas de Amor	35
8.	*Agni*, el Fuego Sagrado	43
9.	Conecta con tu Ser Superior	48
10.	El concepto del *Guru* y las fases del tiempo	56
11.	Cómo afrontar la crisis mundial	69
12.	Cómo liberarnos de nuestra programación	76
13.	Renovar la felicidad	82
14.	Reciclaje de la vida	88
15.	La cultura olvidada	94
16.	Cómo encontrar nuestro medio de expresión	99
17.	Disfrutemos de la belleza	104
18.	Preguntas y respuestas que se nos plantean en el camino	112
19.	El periplo de la vida	132
20.	Existen muchos caminos	136

21.	Cómo transformar los sentidos	142
22.	Amanecer – Atardecer	151
23.	Equilibrar Sol y Luna	156
24.	Conexiones	162
25.	El Regalo de ser humano	174
26.	Cómo mantener la confianza	180
27.	Iniciación	187
28.	Preguntas y respuestas	191

Glosario   205

Prólogo

En distintos momentos de la vida se nos plantean una serie de cuestiones que requieren de toda nuestra atención para encontrarles un significado. ¿Qué es la Verdad? ¿Cómo se puede alcanzar, en esta vida, el auténtico conocimiento? ¿Cómo se pueden comprender esos profundos conceptos espirituales y compaginarlos, al mismo tiempo, con nuestras obligaciones de la vida diaria en este mundo de *Maia*, sin perder la alegría y conservando vivo el espíritu del seva o servicio altruista? ¿Dónde se pueden encontrar unas explicaciones claras de las auténticas escrituras sánscritas y cómo aplicarlas de forma práctica? ¿Cómo se pueden encontrar, en esta vida, las claves de una vida con total consciencia y que se fundamente en la sabiduría y valores perennes cuya autenticidad ha quedado demostrada a lo largo de la historia? ¿Cómo comprobar que dichas antiguas enseñanzas y pautas son íntegras y auténticas?

Sri Sri Svami Purna Maharaj, o Svami Purna, es un *Satguru* – un auténtico Maestro vivo en nuestros días – que nos explica el auténtico sentido de esa profunda tradición espiritual de valores perennes y de gran relevancia para toda la humanidad. Sin duda alguna, Svami Purna representa ese conocimiento universal que rompe todas las barreras, lo cual le convierte en un auténtico Maestro de nuestros tiempos.

Como he comentado en otras publicaciones, por regla

general, los maestros se suelen dividir en dos categorías:

- Los que poseen información teórica e intelectual, que han alcanzado cierto éxito en la vida y son reconocidos en el mundo por su erudición pero que no practican lo que predican.

- Los maestros que han alcanzado un enorme conocimiento y sabiduría siguiendo una formación espiritual tradicional y que aplican dichas enseñanzas en su propia vida; los que han vivido y viven según los principios que ellos mismos predican.

En esta selección de charlas, basadas en su orígenes de la tradición védica y sánscrita, se abordan distintos conceptos básicos de la vida, lo cual le permite al lector percatarse de lo importante que es alcanzar su propio equilibrio e integrar la espiritualidad en su vida diaria, así como descubrir en ellas una guía práctica para su búsqueda de la verdad universal, de la dicha y de la plenitud espiritual.

Los discursos de Svami Purna van dirigidos a toda una variedad de grupos de distintos credos, culturas, nacionalidades y niveles de formación, a los que conduce hacia una dimensión más plena de la vida de gran utilidad en cualquier parte del mundo. Algunos de los capítulos son discursos sobre temas determinados, mientras que otros ofrecen el contenido de sesiones de preguntas y respuestas siguiendo el formato tradicional de transmisión de este conocimiento vivo por parte de los auténticos maestros. No obstante, todos son igual de importantes y prácticos para todos nosotros, ya que todos nos vemos en la obligación de afrontar los altibajos de la vida e intentamos mantener un enfoque práctico de la espiritualidad. En el glosario final, el lector dispone de una ayuda para comprender una serie de términos imprescindibles que, asimismo, se explican más detalladamente en los distintos capítulos.

"Así Conocerás la Verdad" es una colección de charlas escogidas que vienen a demostrar, una vez más, lo incomparables, profundas y valiosas que son las enseñanzas de Svami Purna. Transmitidas originalmente siguiendo la auténtica tradición oral, dichos discursos han sido transcritos y revisados estilísticamente para que reflejen con claridad tanto su ancestral sabiduría védica como su importancia para nuestra vida contemporánea. Asimismo, las ilustraciones e historias que contienen no solo proporcionan al texto una riqueza adicional sino que nos ayudan también a recordar que la sabiduría eterna está siempre a disposición de los que avancen por ese camino.

Estas charlas también incluyen las respuestas de Svami Purna a cuestiones esenciales de la vida, gracias a las cuales al buscador de la Verdad se le abre por delante un camino de positividad que le proporcionará mayor equilibrio, plenitud y sentido a la vida. Como es habitual en las enseñanzas de Svami Purna, se establece sin ambigüedad alguna la esencial responsabilidad de cada cual en su propia búsqueda de la felicidad, el equilibrio personal, una vida sana y una verdadera comprensión de la vida – temas fundamentales cuya explicación tendrá el lector la oportunidad de encontrar en estas charlas.

Si, para aquellos que ya conocen las obras de Svami Purna, esta selección de charlas les puede ayudar a profundizar en su comprensión de otras anteriores, para el neófito, por otro lado, pueden constituir una excelente introducción a este tipo de conocimientos. No obstante, cualquier lector que se acerque a esta obra podrá disfrutar del excepcional placer de enriquecerse con el saber y la claridad que caracterizan a esta obra.

Una vez más he tenido el honor de trabajar con todos estos maravillosos conocimientos y de colaborar con Petra Kues, de Adhyatmik Foundation, en la corrección estilística de dichas charlas. Estamos convencidas de que es todo un privilegio tener la oportunidad de compartir toda esta sabiduría con los demás en un período en que es de vital importancia incrementar la iluminación en el mundo.

Desde mi punto de vista, la cotidianidad del estilo y enseñanzas que aporta "Así Conocerás la Verdad" constituye una prueba evidente de la importancia de una forma de vida que se puede adoptar a cualquier edad, en cualquier momento de nuestra existencia e independientemente de la formación que uno tenga o de en qué parte del mundo se encuentre. Estas páginas se pueden leer y releer, ya que cada lectura nos aportará una percepción y una sabiduría cada vez más profundas.

Todo el que busque ahondar en esta información o encontrar respuesta a alguna cuestión determinada, tiene a su disposición otras obras ya publicadas o puede ponerse en contacto con nuestra Fundación.

Dra. Linda S. Spedding
Vicepresidenta, Adhyatmik Foundation, Inc.
Londres, Septiembre 2014

La política del cuerpo

Según la tradición védica, todas las facultades del cuerpo, entre las que se incluyen todos los órganos, revisten la misma importancia y deben mantenerse en equilibrio ya que eso es lo que aporta bienestar. Para ello y con el fin de invocar la energía de Lo Supremo para que nos ayudara a conseguirlo, se realizaba un *haván* o ceremonia del fuego.[1]

Hay unos *mantras* muy poderosos, específicos para cada órgano y facultad, que se pueden utilizar para fortalecer y equilibrar las partes del cuerpo que les correspondan. Por regla general, estos *mantras* se deben repetir siete veces, de preferencia por la mañana.

- *Om prana prana*: El *prana* es nuestra fuerza vital, la que determina cuándo deberemos dejar este planeta. Si se fortalece el prana, la energía vital, se puede favorecer la longevidad. Los *yoguis*, por ejemplo, son capaces de determinar cuándo van a morir porque saben controlar su prana. Según sea nuestro nivel de evolución, en el momento de la muerte el prana sale del cuerpo por una de sus siete aberturas. Este *mantra* va muy bien para reforzar el prana.

---

1 Ver capítulo 8 *"Agni,* el Fuego Sagrado"

- *Om wak wak*: Es un *mantra* para refinar nuestra **facultad de hablar**, para que resulte más agradable y poderosa hasta el punto en que las palabras resulten muy convincentes.

- *Om chakchu chakchu*: Este *mantra* corresponde a los **ojos**, a la vista. Al invocar la energía del sol podemos hacer que nos "brille" la mirada, lo cual quiere decir que no solo veremos las cosas mundanas sino también más allá de la existencia física a través del tercer ojo.

  En la *Bhágavad Guita*, Krishna le concede a Áryuna la visión cósmica: "Te concedo el Ojo divino a través del cual podrás ver el cosmos…". Cuando se nos otorga el Ojo divino, somos capaces de "ver" realmente. Este *mantra* sirve para abrir, purificar y activar el ojo espiritual.

- *Om srotam srotam*: Es un *mantra* que fortalece y purifica el sentido del **oído** y que nos permite oír cosas normalmente inaudibles.

- *Om navhi navhi*: Es un *mantra* para enfocar en el **ombligo**, una de las partes del cuerpo más vitales así como el punto de conexión de una nueva vida. Constituye el "puerto" por el que se canaliza toda la comunicación y la alimentación.

- *Om hridam hridam*: Es el *mantra* para invocar y fortalecer la energía del **corazón** (similar al prana). El corazón es mucho más que ese órgano que bombea la sangre para que circule por todo el cuerpo. También es el asiento de los sentimientos humanos más poderosos, incluidos los que afectan a todo el cuerpo, tanto positiva como negativamente, según de qué emoción se trate. Sentir "amor" puede aportar una sensación de calidez, deleite y bienestar por todo el cuerpo. Expresiones como "se me parte el corazón" y "descorazonado" sirven para describir sensaciones físicas que se producen en la zona del corazón cuando vivimos situaciones de gran carga emocional, que se componen de pura energía y que se describen en dichos términos a causa de las sensaciones que producen en el cuerpo. Podríamos incluso decir que el corazón es lo que nos define. El corazón posee una potente inteligencia creativa propia que constituye la esencia de nuestra existencia.

- *Om kantha kantha*: Es un *mantra* de la **garganta**, la cual también es nuestro instrumento para comunicarnos mediante la palabra y las emociones ("se me hace un nudo en la garganta"). Es una zona de gran importancia ya que en ella se procesan muchas cosas, tanto físicas como emocionales, razón por la cual se la debe proteger y fortalecer.

- *Om sirs sirs*: Este *mantra* se debe enfocar en la **cabeza**, concretamente en el importante *chakra* de la coronilla denominado *Brahmaranda*. En este punto coinciden millones de células que interactúan, transmiten y crean impulsos eléctricos. Aquí es también donde reside el genio de la persona.

La naturaleza les concede a algunos la capacidad de utilizar al máximo el potencial de su buen cerebro en el que, incluso después de muerte, se mantiene durante un tiempo considerable la actividad electrocitoquímica. Este *mantra* también puede proteger el "loto de los mil pétalos", el Cosmos, que todo lo contiene – todos los recuerdos, etcétera.

- *Om bahubalam*: Este *mantra* para reforzar la zona de los **hombros** es de especial importancia para la tercera edad. En esta parte del cuerpo podemos llegar a acumular gran cantidad de tensión por lo que es imprescindible ejercitarla no solo para reforzarla sino para mantenerla plenamente móvil. Esto es un aspecto fundamental a tener en cuenta si queremos disfrutar de buena salud.

- *Om kartalam*: Es el *mantra* que corresponde a las **manos**, elemento fundamental para mantener nuestro nivel cotidiano de actividad, en el que se incluyen las destrezas manuales, la capacidad de crear y hacer cosas con las manos, e incluso la comunicación, tanto a través del lenguaje de signos como gesticulando con las manos al hablar para enfatizar lo que decimos. Las manos son la parte del cuerpo humano más versátil y especializada.

Aunque existen muchos más *mantras* correspondientes a otras partes del cuerpo, estos son los más importantes y se recomienda utilizarlos a diario, cada cual a su propio ritmo.

Siempre doy dos instrucciones: **No competir y no compararse**. Pero, desgraciadamente, son dos características de la cultura humana que se manifiestan tanto en la escuela como en el trabajo o en el hogar. ¡Pero os aconsejo insistentemente que NO LO HAGÁIS! Cada cual es distinto y tiene sus propias habilidades pero, si nos ponemos a competir y a compararnos con los demás, no conseguiremos más que detener nuestro progreso individual. Es algo que le sucede a todo el mundo. De hecho, las comparaciones y la competitividad se manifiestan en forma de rabia, celos, odio y rivalidad, lo cual nos conduce a nuestra autodestrucción. Es una pena que la gente viva esclava de estas actitudes, las cuales se oponen diametralmente a la práctica espiritual. Por el contrario, no tiene nada de malo fijarnos en alguien que haya conseguido lo que constituye nuestra aspiración y sentirnos animados a alcanzarlo también. De todas formas, lo mejor es que cada cual se enfoque en su propio progreso y se comprenda a sí mismo.

La anécdota del acertijo del profesor de matemáticas va muy bien para ilustrar este punto:

A mitad de la clase, un joven profesor de matemáticas se dio cuenta de que sus alumnos estaban aburridos y, para despertar su atención, decidió plantearles un acertijo. Dibujó una línea recta en la pizarra y les retó a que la hicieran parecer más corta sin borrar ningún trozo. Incluso les anunció que el que consiguiera resolver dicho acertijo aprendería una lección que le serviría para toda la vida.

Esto despertó de inmediato el interés de los muchachos, que quedaron perplejos mirando la raya que permanecía solitaria en la pizarra. "¿Cómo puede hacerse algo más pequeño o más corto sin quitarle ningún trozo? Parece imposible. ¿Se tratará de alguna broma?". Después de pasar un rato cavilando, se levantó por fin un alumno y, con la sonrisa del que consigue comprender algo, cogió un trozo de tiza y trazó otra línea más larga en la pizarra, lo cual hizo que la primera automáticamente pareciera más corta. Acto seguido, dirigió su radiante mirada al profesor que, gracias a ese acertijo, le había aportado una enseñanza llena de sabiduría. En efecto, había aprendido una lección de por vida.

Con el tiempo, ese joven matemático sería conocido como Svami Ramtirth, uno de los seres más profundos e iluminados. ¿Y cuál era la lección del acertijo del profesor? *¡En lugar de criticar a los demás, intenta desarrollar tu propio potencial!*

Poca gente se da cuenta de que el hecho de criticar a los demás tiene peores consecuencias para el que critica que para la supuesta víctima. Desgraciadamente, está muy extendida la costumbre de criticar a nuestros vecinos, nuestras amistades o nuestros rivales. Se utilizan los medios de comunicación para denunciar y censurar a los de la competencia ante millones de personas. Sin embargo, de la misma forma que nadie se beneficia del hecho de denostar a los demás, cuando uno se esfuerza por perfeccionarse y dignificarse como ser humano, todo su entorno se ve beneficiado.

Sobre este punto, Mahatma Gandhi hizo un interesante comentario: "Nunca he conseguido entender cómo el hombre se puede alegrar de que se humille a sus congéneres".

Hasta la "política del cuerpo" nos demuestra que todos y cada uno de los órganos y los sentidos son algo único, y que cada uno desempeña un papel importante en el lugar que le corresponde. Es inútil compararlos y considerar que uno es más importante que el otro.

Hay otra historieta que sirve para resaltar este principio.

Un día, todos los órganos del cuerpo estaban tan enfadados con el estómago que decidieron declararse en huelga de la siguiente manera:

Las manos se quejaron al cuerpo amargamente: "¡Fíjate en nosotras! Nos pasamos el día trabajando sin cesar para que el estómago se sienta satisfecho. Tenemos que cocinar para darle de comer mientras que él no hace absolutamente nada".

"Sí", respondieron los ojos. "Nosotros nos tenemos que pasar el día buscando comida para complacerle sus deseos".

Los dientes también se mostraron de acuerdo: "Nunca paramos de masticar mientras que ese vago de estómago no hace nada. Todos trabajamos una barbaridad menos él. Él no hace nada. Solo se lo traga todo. ¡Chicos, chicas! ¡Vamos a declararnos todos en huelga para darle una buena lección a ese vago de estómago!". Entonces, todos dejaron de cumplir con sus funciones. Pasó un día sin alimentos, y dos, y muchos más – mucho tiempo sin ningún tipo de alimentación. Al cabo del tiempo, todos los órganos que se quejaron empezaron a sentirse débiles, sus protestas se fueron aplacando hasta que acabaron por callarse por completo y reflexionar sobre su situación. Les costaba reconocer que, al no aportarle alimentos al denostado estómago, ellos tampoco recibían ningún tipo de nutrientes y les resultaba imposible cumplir con sus funciones.

Finalmente, los órganos se dieron cuenta de que el estómago, de que todo el sistema digestivo, lleva a cabo la función más importante de todas puesto que proporciona alimentación a todos los demás órganos del cuerpo. ¡Al aprender una lección tan importante, desconvocaron la huelga!

Recordad siempre esto: En el camino espiritual, no debemos compararnos ni competir. Todos sois igual de importantes. *Om Shanti*.

Llena la mente de positividad

En la cultura india, el *bhayan* es un tipo de canto de devoción con el que se expresa un amor por la Divinidad sencillo, a la par que profundo y lírico. El acompañamiento musical se suele basar en *ragas* clásicos (una serie de cinco o más notas musicales con las que se crea una melodía – típico de la música clásica india). Además de tener un significado y un objetivo muy profundos, los *bhayans* desempeñan también un papel especial en la vida espiritual, especialmente en la India. Además, también pueden utilizarse a modo de terapia.

El *raga* y la *ráguini* se tocan en momentos determinados del día y en ocasiones concretas. Muchos ragas del norte de la India se tocan en determinados momentos del día o según la estación que corresponda. El raga tiene un máximo efecto cuando se toca en el momento recomendado.

El siguiente *bhayan* es un ejemplo de los sentimientos expresados por "aquel a quien le ha sido concedido ver":

¡Qué suerte tengo
de estar en presencia de mi auténtico maestro!
Él me ha abierto los ojos.
Al no estar ya cegado por el velo de la ignorancia,
por la gracia del auténtico *Guru*,

soy por fin capaz de ver la auténtica luz.

¡Qué afortunado soy
de que me Él me haya abierto los ojos;
de tener la oportunidad de escuchar Sus enseñanzas;
de que me haya despertado en el momento adecuado
y de no vivir más engañado
por el velo de lo ilusorio!

A salvo de toda desdicha y del sufrimiento eterno,
es ahora la luz verdadera
la que me guía –
la luz de mi único y auténtico *Guru*.
¡Qué fortuna la mía
de haber despertado en el momento adecuado!

Este *bhayan* relata un despertar, una toma de conciencia del conocimiento espiritual después de una larga y paciente *sádhana* (práctica espiritual). Nos recuerda al pájaro *tithiri*, que se pasa el año esperando que llegue la estación de las lluvias y que, cuando le cae la primera gota de agua en el pico, sabe que por fin ha llegado el momento de procrear y que su enorme paciencia y anhelo han dado fruto. Este pajarillo es un buen ejemplo porque nunca se cansa de esperar.

De forma similar, el *bhayan* "Tengo los ojos abiertos para encontrar al Amado" puede utilizarse como técnica de meditación. Músicos místicos como Haridás y Surdás se sirvieron de la música para componer *bhayans* espirituales. Cuenta la leyenda que Surdás, un vidente ciego, se perdió en el bosque y, de repente, notó que alguien le cogía de la mano y le guiaba. Consciente de lo extraordinario de dicha situación, se dio cuenta de que no podía tratarse más que de Krishna. Esta experiencia, entre otras, fueron su fuente de inspiración para escribir muchos poemas y cantos de devoción.

La devoción, el verdadero amor que brota del corazón, es un poderoso elemento no solo emocional sino también físico. La mayoría de la gente ignora lo que existe dentro de esta coraza física, de lo fascinante que es la estructura del cuerpo. Es todo un milagro del que son conscientes los que comprenden realmente cómo funciona el cuerpo. Basta con que pensemos solamente en las múltiples combinaciones de electrones, las combinaciones de rayos que hay en el cuerpo y muchas cosas más. Aunque a la mayoría le parezca que el cuerpo es algo sencillo, en realidad es de una enorme complejidad. Por ejemplo, al corazón, que se manifiesta en tantos aspectos físicos y emocionales, le corresponde un centro de energía que se llama *chakra* del corazón.

La vida es una historia sinfín en la que nos podemos sumergir pero cuyo final nunca alcanzaremos. Si profundizamos en el Ser hacia el final de nuestra vida, puede que tengamos la sensación de que alguien nos impide resolver el misterio y nos preguntaremos qué sentido tiene la vida. Cuando se es joven, se suele pensar: "Tengo toda la vida por delante y ya lo descubriré"; pero entonces uno se enfrasca en los deleites y problemas de la vida diaria y, quizás, al final uno se dé cuenta de que se le ha ido el tiempo de las manos sin conseguir encontrar la respuesta.

Los *Puranas* relatan que, en el origen del universo, *Brahma* se creó a sí mismo, sin necesidad de progenitores, dentro de un nenúfar que brotó del ombligo de Vishnu. Lógicamente, al verse sentado en dicha flor, quiso descubrir sus raíces o dónde iniciar su "viaje" de descubrimiento de sus orígenes. Finalmente, después de muchos periplos, escuchó una voz que le decía que nunca hallaría sus raíces viajando sino que el conocimiento le sería revelado si meditaba en su propio Ser interior. Entonces Brahma se puso a meditar.

Esta leyenda es una ilustración de la importancia del *chakra* del ombligo, el cual constituye la conexión con el origen, con la "madre", la cual nos alimenta a través del cordón umbilical. Si dicho cordón no está conectado, nosotros estamos igualmente desconectados.

La filosofía de la Madre Divina es de gran importancia para comprender nuestra conexión con la espiritualidad. Tanto espiritual como simbólicamente, el concepto consiste en conectarnos con la Madre Divina cósmica. Desde hace unos años ha adquirido fama la denominada Kali, una de las manifestaciones de la Madre Divina de aspecto destructivo, cuya energía extrema representa a todas las fuerzas que habitan en nuestro interior y cuya utilización y aplicación depende exclusivamente de nosotros. Sirva de ejemplo el caso del fuego: con él podemos cocinar, podemos calentarnos pero también podemos quemarnos. Intentemos ser conscientes de que puede ser tanto nuestro aliado como destruirnos. Tenemos que aprender a utilizar estas fuerzas. En el *Aiurveda*, el principio llamado *yat ráguini* representa el elemento del fuego en nuestro cuerpo que, por un lado, nos permite digerir los alimentos y absorber sus nutrientes pero que, por otro, si se desequilibra a consecuencia de una mala alimentación o de una constante sobrealimentación, su exceso se traducirá en indigestión y problemas digestivos. No conviene sobrecargar la *yat ráguini*. Lo que conviene es comer despacio, en pequeñas cantidades, para que esta energía tenga oportunidad de hacer su trabajo.

Para familiarizarnos con nuestro cuerpo y comprender su

funcionamiento, tenemos también que comprender los distintos aspectos de la mente que, según la tradición védica, son cinco – una mente principal y cuatro sub-mentes:

1. *Mánome* – la mente.
2. *Práname* – comprender el *prana*.
3. *Áname* – se ocupa de distintos aspectos físicos y del mantenimiento del cuerpo.
4. *Ánandame* – dicha suprema.
5. *Gñáname* – el aspecto del conocimiento.

Conviene que nos familiaricemos con todos estos aspectos y los comprendamos. El prana es la principal energía vital, la fuerza de la vida. Todo depende de la respiración y de la energía vital. En cualquier momento, para cualquier cosa que haga nuestro cuerpo, se produce el *pranaiama* aunque ni siquiera nos demos cuenta, a pesar de ser algo tan complejo y permanente. Sin embargo, todo se coordina, calibra, recalibra y funciona sin interrupción y en conjunto siguiendo un ritmo perfecto. Nos podemos ayudar haciendo *pranaiama* junto con una actividad física.

Resultan muy interesantes todas las formas en que se manifiestan los cinco distintos tipos de mente. Pongamos por ejemplo el *gñana*, el cual nos ayuda a comprender e interpretar el lenguaje corporal de los demás. El lenguaje corporal puede revelar lo que alguien está pensando más claramente incluso que lo que nos diga hablando. De hecho, a veces conviene quedarnos callados y comunicarnos gesticulando con las manos. El silencio puede constituir un poderoso mensaje, además de ser una buena manera de practicar la disciplina de vez en cuando. Le podemos pedir a alguna de nuestras amistades que permanezca en silencio cuando esté con nosotros y así observar cómo somos capaces de comunicarnos. Puede que a algunos esto les resulte difícil de hacer pero lo que nos resulte difícil no es más que una cuestión de disciplina. Una enorme ayuda para nuestro desarrollo consiste en preparar a la mente para que acepte lo que le resulte más difícil. Es bueno hacer lo que nos resulte muy difícil teniendo en cuenta, claro está, que el concepto de dificultad depende de cada cual. Pero cuando se consigue aceptar lo que resulta difícil, deja de representarnos un obstáculo.

Hay un sinfín de ejemplos de este tipo de retos: pasar toda una noche en la orilla de un río o en el campo para superar nuestros miedos; escalar una montaña; caminar a solas por un denso bosque; nadar en un lago si le tenemos miedo al agua; ponernos enfrente de un animal que nos dé miedo; afrontar cualquier peligro que se nos pueda presentar; todas y cada una de las situaciones que nos puedan parecer difíciles o que nos asusten. Cuando seamos capaces de afrontarlas, ya no representarán ningún problema para nosotros.

El verdadero problema son los miedos y fobias que nos hemos creado y que hemos alimentado por cuenta propia. Los miedos no los crean fuerzas externas a nosotros –somos nosotros sus únicos artífices. Esa es la auténtica causa de nuestro sufrimiento. Sin embargo, cuando uno se libera de sus miedos y continúa avanzando, ya no se sentirá dominado por ellos, se encuentre donde se encuentre. Como es la mente la que crea nuestras fobias, también es ella la que nos puede ayudar a que desaparezcan. Cuando uno se vuelve fuerte desde el punto de vista espiritual, nada consigue afectarle.

Es interesante observar cómo funciona la mente, con su ego y todas sus emociones. Aunque a veces pueda parecer confuso cómo funciona la mente, cuando se comprende su funcionamiento, el mensaje es bien claro. La cuestión es: ¿Queremos tener el control de nosotros mismos o queremos que sean nuestros deseos, nuestro ego, nuestros caprichos y los innumerables aspectos emocionales de nuestra mente los que nos controlen?

Por ejemplo, si no reaccionamos cuando alguien nos provoca, quiere decir que no nos dejamos llevar por nuestro ego. Cuando no nos conturbamos es porque estamos observando la mente desde la distancia. ¿En qué condiciones nos encontramos? ¿Somos capaces de controlar nuestros sentidos o son ellos los que rigen nuestra vida? A mucha gente le resulta imposible controlar sus emociones, las cuales se comportan como una manada de caballos salvajes – resulta completamente imposible saber dónde nos van a llevar. Por lo tanto, cuando somos capaces de razonar con nuestras emociones y plantearles: "¿Reacciono…o no reacciono?", entonces sí que podremos decidir por nosotros mismos. Esto es lo que tiene de particular la mente humana y es algo que *podemos* controlar si nos esforzamos por conseguir resistirnos a los desencadenantes de nuestras emociones. Como no sabemos realmente cómo funcionan nuestras emociones, puede que se nos desboquen y que, cuando volvamos a nuestros cabales, nos preguntemos por qué hicimos tal o cual cosa, sobre todo si nos entró un arrebato de ira sin ton ni son.

Así es como funciona la mente emocional, algo de lo que, generalmente, no somos conscientes. No sabemos cómo va a comportarse durante y después de una crisis. Lo que solemos hacer es reaccionar con tensión ante situaciones inesperadas, pero los maestros y demás seres iluminados son los únicos que nunca hacen nada sin sentido. No reaccionan sino que todo lo que dicen y hacen tiene un significado, ya que no se mueven por impulsos como suelen hacer las demás personas, cuyas reacciones dependen de las circunstancias.

De ahí la importancia del *sátsang* – de reunirse con o estar en presencia de los seres que nos ayudan a crecer, lo cual no quiere decir que primero nos reunamos para cantar *bhayans* y que después nos podamos pelear. De lo que se trata es de crecer interiormente, tanto nosotros como los demás, pero eso solo se consigue cuando se tiene fuerza interior. Cuando uno es débil interiormente, no lo consigue. Cuando se dispone de fuerza en la mente y en el alma, se puede hacer de todo pero, a menos que tengamos esa energía de amor, ¿cómo vamos a irradiar vibraciones positivas? Pongamos como ejemplo un ventilador – lo que hace es remover el aire que hay en una habitación y, si ese aire está caliente, no hará más que removerlo pero sin aportar aire fresco. Antes de fijarnos en los demás, debemos comprendernos a nosotros mismos, algo que no resulta fácil debido a la tendencia humana de justificar constantemente todo lo que hacemos y pensamos. El problema radica en que, mientras nos dedicamos a justificarnos, no conseguimos comprender cómo funcionamos, y ese es el hábito más frecuente. Si nos comprendemos a nosotros mismos, resulta fácil comprender a los demás y entonces sí que seremos capaces de tratar con cualquier persona cualesquiera que sean las circunstancias.

A veces las cosas son muy simples hasta que llega el ego y lo complica todo. La clave está en comprendernos a nosotros mismos. Una vez conseguido eso, no tendremos ningún problema.

Las trampas de lo ilusorio

Un famoso *bhayan* de la India dice: "*Maia* es el gran engaño; lleva años engañándome. Pero ahora que ya la he visto, no volveré a quedar atrapado; no me tientan nada sus distintas máscaras".

En la *Bhágavad Guita,* Krishna dice: "Mi *Maia* es todo un misterio. Tiene tres generales: los tres *gunas*. Lo más difícil es superarla, sobrevivir a ella. Solo se liberarán de sus redes los que se concentren únicamente en Mí".

¿Qué le está diciendo Krishna a su discípulo Áryuna? Que es *Maia* la que maneja los hilos; que sus gunas estructuran toda la creación. De hecho, sin estas tres sutiles cualidades, no se podría haber producido la creación.

Los tres gunas son:

- *Sattva*: la cualidad de luz y positividad.
- *Rayas*: la fuerza dinámica de la pasión y la actividad.
- *Tamas*: lo oscuro, la inercia, la negatividad.

Estas tres cualidades constituyen el medio para que se pueda manifestar *Maia*. Van alternándose a lo largo del día; de un año; de toda una vida; y son la causa de los cambios de humor de la mayoría de los seres humanos. Los únicos que no se ven afectados por ellas son los que han traspasado "lo ilusorio".

La mayoría de la gente no sabe lo que es *Maia*; no es consciente de cómo funciona y, por tanto, viven atrapados en su espejismo. La mayoría tiene una imagen poco clara de la vida y de sí mismos. Muchas mentes no quieren creer lo que han experimentado personalmente porque resulta mucho más fácil negar algo que esforzarse por indagar sobre ello. Dependemos tanto de la validación que nos puedan aportar otros elementos externos que, con frecuencia, solo aceptamos que lo "real" es lo material. Ese es nuestro principal obstáculo para desarrollarnos más allá de lo que hayamos aceptado hasta ahora, porque vivimos atrapados en un espejismo, incapaces de darnos cuenta de que somos nosotros los que nos metemos en ese aprieto. Nos imaginamos cosas que no existen. Pensamos, dudamos, nos asustamos, acusamos, odiamos o amamos – ¡y todo eso para nada! ... para encontrarnos, al final, con que nuestra vida está vacía. Eso es lo realmente trágico.

Sin embargo, cuando se quiere de verdad, se pueden favorecer cambios positivos en nuestra vida. Mediante el estudio y el análisis; mediante el discernimiento, la contemplación y la meditación, puede comenzar a relucir la sabiduría y podemos empezar a ver quién somos realmente. Nunca me cansaré de repetir que debemos darnos cuenta de que no somos únicamente el cuerpo o la mente; de que no somos el ego ni las emociones; de que no hay ninguna necesidad de identificarnos con las cualidades del ego ni de las emociones.

Siempre se ha dicho que las trampas de *maia* no desaparecen porque uno evolucione. Hasta que no se alcance la cumbre final, la posibilidad de que caigamos está a la vuelta de la esquina. Puede que uno alcance tal nivel de desarrollo que se crea superior a los demás pero, en realidad, ese mismo pensamiento es la indicación de que no es tanto lo que ha avanzado. Todo aquel que está realmente iluminado se vuelve más humilde, de la misma forma que un árbol enorme que, cuando tiene las ramas cargadas de frutos, se le arquean hacia la tierra.

Hace mucho tiempo, en la India, un filósofo estaba observando a una mujer que molía trigo y se quedó absorto al ver que el grano, aplastado por aquella gran rueda de piedra, no tenía ninguna escapatoria. Entonces se echó a llorar al percatarse de que aquel era el sino de todos los seres, aplastados y molidos por la gran "Rueda de la vida", inexorable y despiadadamente. Kabir, este poeta santo, tenía a su lado a su hijo, el cual, en cambio, al observar cómo se molía el trigo se echó a reír. Al preguntarle la mujer a qué se debían sus carcajadas, le respondió que, aunque la mayoría del cereal acababa reducido a polvo, nada les pasaba a los granos de trigo que se refugiaban cerca del centro de la rueda del molino y, al alegrarse por ellos, se echó a reír.

Pues lo mismo sucede con la rueda de *maia*: los que se acercan al centro, los que regresan a su auténtico origen, escapan al sino de los demás. La rueda de la vida rota sin cesar y todos los seres humanos quedan atrapados en el ciclo de nacimiento, muerte y sufrimiento. Aunque esto pueda parecer cruel y descorazonador, es posible escapar – si uno se refugia en leyes superiores.

Leyes de la Naturaleza y leyes humanas

Es triste que, por lo general, nos olvidemos de lo magnánima que es con nosotros la Madre Naturaleza. Los elementos de la naturaleza contienen una energía poderosa y cargada de vida que está dentro y en torno a nosotros. La mayoría de las leyes humanas de cualquier parte del mundo son contrarias a las de la naturaleza, razón por la cual también lo son la mayoría de las cosas que hace el ser humano. Cuando la aplicación individual de las leyes humanas no está en concordancia con las leyes de la naturaleza, nunca triunfará nada de lo que diseñe el hombre, por lo que éste debe buscar la armonía entre lo que hace y las leyes naturales.

Al final siempre acaban prevaleciendo las fuerzas de la naturaleza. Ya hemos mencionado que, en Estados Unidos, algunas personas intentaron establecer un partido llamado "Partido de la ley natural" ante la preocupación que sentían por el cariz que estaba tomando la política en dicho país. Aunque puede que no sea fácil romper con las mentalidades estereotípicas, cuando todas las leyes humanas estén en armonía con las de la naturaleza, las cosas funcionarán muchísimo mejor en este planeta. Si respetamos las fuerzas de la Madre Naturaleza con ingenuidad, Ella se ocupará de cuidarnos en todos los aspectos.

Hay una historia de Kali, personificación de la energía más destructiva de la Madre Naturaleza así como representación de la más elevada transformación, del mismísimo Absoluto. Recibe dicho nombre porque se come a *kala* (el tiempo).

Cuenta la leyenda que, en una época en que el mundo vivía amenazado por unas fuerzas impresionantemente negativas y de destrucción de la Madre Naturaleza – en forma de demonios – Shiva se hartó y le pidió a su esposa Párvati que los destruyera para salvar al mundo. Por esa razón, Párvati se transformó en Kali, la cual, con total ferocidad, desató toda su ira contra los demonios hasta que desaparecieron todos. Pero la rabia de Kali era tan intensa y había alcanzado tal estado de embriaguez de su propia furia que toda la humanidad corría el riesgo de ser destruida, por lo que había que hacer algo. Varios seres superiores decidieron abordar al Dios Shiva para suplicarle que aplacara la cólera de Kali: "Como nosotros somos incapaces de controlar la furia de Kali, te pedimos que seas tú quien contenga sus fuerzas". Pero como a Shiva también le preocupaba que Kali no le reconociera ni siquiera a Él, su Señor, dada la tremenda intensidad de la furia que había desatado, decidió tumbarse en el camino por el que iba a pasar Ella de tal forma que le pisara cuando Ella pasara por allí. Así fue y, sobresaltada al pisar aquella forma, miró hacia el suelo y, al reconocer a Shiva, se le esfumó toda la furia y volvió a convertirse en Párvati.

Sería prudente que prestáramos atención a esta analogía: cuando adoptamos una actitud de ingenuidad, como un niño, y de completa inocencia y confianza, obtenemos protección pero, cuando nos regimos por nuestro ego, acabaremos destruidos porque es el ego mismo el que nos destruye. Nunca ha sobrevivido nadie que haya tenido un ego prominente. No tenemos más que fijarnos en la historia, sobre todo en los llamados "poderosos y potentados".

Hay un libro titulado *Untergang* ("El hundimiento") que trata sobre los últimos días de Hitler. A pesar de que ser un hombre que cambió la historia de la humanidad, el libro desvela su completo deterioro y desintegración a nivel mental, físico y anímico, y explica hasta qué punto no llegaría su desesperación, que la única salida que se le ocurrió fue indicar a sus acompañantes que lo mataran. Ya no le quedaba ninguna opción y llegó a su fin completamente desvalido. Lo mismo le sucedió a Napoleón – acabó recluido en Santa Helena, incapaz de valerse por sí mismo y con la única satisfacción de poder jugar con los hijos de los guardas. Tanto a lo largo de la historia como en la actualidad existen innumerables ejemplos de la capacidad de destrucción del ego cuando se desboca.

Dicho de otra manera: ante el poder de las fuerzas de la naturaleza, cualquier criatura es impotente. Sin embargo, sobre todo cuando el ego humano nos inunda de pensamientos de que somos poderosos, hermosos, listos, etcétera, y cuando nos otorga innumerables atributos maravillosos que no son más que un velo, dicho velo no hará más que mantenernos sumidos en el espejismo. El ego siempre nos tienta con apariencias de innumerables características que nos pueden resultar atractivas.

En el camino espiritual, al Maestro solo le podemos regalar una cosa: nuestro ego. Si le entregamos nuestro ego mediante nuestra humildad, nuestro Maestro/a nos liberará de él pero, mientras seamos víctimas de nuestro ego, no llegaremos a ninguna parte. De hecho, a medida que pase el tiempo, iremos debilitándonos y, al final, nos preguntaremos: "¡Pero con lo fuerte que yo era! ¿Qué me puede haber pasado?"

Puede que en algún momento de la vida hayas podido tratar a alguien "a patadas", que te hayas hecho valer, pero ahora te pueden derribar de una sola patada. Eso es el efecto del tiempo – antes eras fuerte pero ahora eres débil. Sin embargo, el que es prudente y va acumulando fuerza espiritual, siempre será fuerte puesto que la fuerza espiritual no disminuye y siempre te mantendrá robusto.

Las personas que viven del mundo del espectáculo suelen preocuparse por la edad. Viven atemorizados por el envejecimiento, sobre todo en occidente, donde la sociedad solo siente admiración por la delgadez, la juventud y la belleza.

Muchos gobiernos preferirían que "desapareciéramos" al jubilarnos ya que dejamos de ser productivos. Así no tendrían que pagarnos una pensión. Da la sensación de que nadie quiere a los jubilados, lo cual es una crueldad, pero es la realidad del mundo en que vivimos. Tenemos que ser conscientes de ello y fortalecernos por cuenta propia. Necesitamos tener fuerza espiritual. Necesitamos descubrir la verdadera energía que tenemos en nuestro interior, la verdadera luz y la verdadera vida. La auténtica vida, la fuerza que llevamos dentro, la Fuerza Suprema. Esa fuerza nos pertenece. En nuestro interior tenemos fuerzas tanto de luz, como de oscuridad. Tenemos tanto sombras como luces – un lado brillante y un lado oscuro. La dualidad está dentro de nosotros, es parte de nosotros, pero de nosotros depende por cuál nos decidamos. Ambos aspectos son poderosos. El poder de la luz es el auténtico, mientras que el lado oscuro siempre es el destructivo. Cuando uno consigue reconocer las fuerzas de la naturaleza que posee en su interior, también se percata de que la naturaleza es parte suya, de que la lleva integrada.

Herramients para crecer: Amaestrar los sentidos

Hoy en día, mucha gente desconoce el arte de escuchar. En cambio, en el camino espiritual se recalca tanto la importancia del silencio como el valor y significado del sonido.

Por ejemplo, vamos intentar escuchar los sonidos de nuestro entorno: pájaros, abejas, perros, voces humanas, motores... Escuchadlos todos en conjunto, como si se tratara de una enorme sinfonía ambiental y, entonces, intentad aislar cada uno de ellos de los demás y escuchadlos uno a uno. Podéis practicar tanto con el sonido más insistente como con el más moderado. Fijaos en el siguiente ejercicio.

Pongamos por ejemplo un herrero que se ocupa de afilar sus herramientas a la perfección para poder sacarles el máximo rendimiento. Pues con los sentidos sucede algo parecido: tenemos que afilarlos, refinar nuestras facultades, involucrar todos los sentidos – vista, oído, tacto, gusto, olfato, sentimientos, etcétera – para sacarles el máximo provecho.

Para ello podemos servirnos de una técnica o método de meditación determinado, como, por ejemplo, concentrarnos en los sonidos de nuestro alrededor, y descubriremos que siempre hay uno que predomina sobre los demás. Podemos enfocarnos en uno que sea menos persistente – como, por ejemplo, el zumbido de una abeja o de una mosca, el susurro de la brisa – y, entonces, desconectamos de todos los demás sonidos; los bloqueamos. Escuchad cada uno de los sonidos de forma individual, según la capacidad que tengáis.

Otra posibilidad es asistir a un concierto en un auditorio y enfocarnos en un instrumento en particular tanto con la vista como con el oído, y así sucesivamente con los demás instrumentos. Podemos concentrarnos por ejemplo en la flauta o en el violín. Aislad un sonido determinado y escuchadlo, aunque sea una grabación lo que estéis escuchando. Podéis involucrar un segundo sentido (el de la vista) para poderos concentrar mejor en lo que estáis escuchando. Esto es una meditación *yóguica* - concentrarnos en un único sonido y en nada más.

Si hay cinco personas que están hablando al mismo tiempo, esfuérzate por escuchar solo a una. Si lo consigues es que estás progresando en tu meditación.

También resulta muy útil intentar escuchar el sonido interior. Dentro de nosotros hay muchos sonidos, parecidos a una corriente de agua, a un silbido, a un tren o incluso a un motor. En nuestro interior hay muchas actividades y sonidos de los que no somos conscientes. De hecho, cuando dormimos se producen incluso más, porque el cuerpo no tiene molestias. Sería interesante como experimento poder grabar todo lo que hace tu cuerpo mientras duermes. Resulta sorprendente la actividad que se llega a tener. Se la puede comparar a los sonidos y actividades de la noche. Kabir, el poeta santo del siglo XV, afirma: "En tu interior resuena tu Amado – el sonido perenne y eterno, el sonido de tu alma. Cuando consigas oírlo, tendrás la visión de tu Amado y dicho sonido te conducirá a una dimensión distinta".

Otra herramienta muy útil es la visualización. Es muy bueno visualizar todo aquello que nos resulta placentero, en particular cuando nos encontremos en lugares que nos incomoden como, por ejemplo, un tren, un autobús o una estación abarrotados de gente, o en una sala de espera. Ese es el momento en que debemos recordar aquellas impresiones del pasado que nos resulten agradables para, así, bloquear todos los sonidos e imágenes desagradables entre las que nos encontremos. De esta forma, no solo no nos sentiremos agobiados por la multitud sino que, además, podremos seleccionar lo que queramos visualizar. Incluso, hasta cuando nos acostemos podemos generar en el subconsciente el tipo de sueño que queremos tener. Podemos programar lo que queremos soñar de tal forma que, cuando estemos profundamente dormidos, esa intención se manifieste en el sueño deseado. Es una técnica para escoger lo que se quiere soñar.

También se pueden tener pesadillas o soñar despierto. Las pesadillas se producen cuando la mente está inquieta por algo o cuando el cuerpo se ve afectado por algún elemento, tipo drogas o alcohol. El proceso de programar el subconsciente para tener sueños bonitos es algo parecido a grabar imágenes e impresiones en un CD.

En la radio hay programas maravillosos de música clásica, tan agradables que es como si te transportaran a otro mundo pero, de repente, te sacan de ahí sobresaltado con la estridencia de un anuncio de la mejor sopa de tomate. Esto nos puede afectar bastante pero ¿qué se le va a hacer? Son los anuncios de cada día y parece que no hay forma de librarse de ellos.

Antiguamente, las radios tenían un botón de búsqueda que se tenía que girar a mano para conseguir la mejor sintonía del programa que deseábamos. Pues eso es una analogía que ilustra bastante bien cómo se puede aprender a sintonizar el dial de la mente con cada uno de los sentidos para rechazar cualquier sonido desagradable que tengamos a nuestro alrededor. Nos puede ser de gran ayuda ir al campo para trabajar con nuestros sentidos y, si aprendemos a sintonizarlos y refinarlos, veremos cómo mejora nuestra vida.

Esto también nos servirá para discernir entre las cosas que nos ofrezcan, como, por ejemplo, los alimentos. Podremos discernir si se trata de alimentos puros y frescos o si están pasados y repletos de productos químicos.

Cuando aprendamos a refinar nuestras facultades de esta manera, disfrutaremos más de nuestros sentidos y le sacaremos más jugo a todo lo que hagamos. Podríamos decir que esto es el antídoto de las distracciones de la vida moderna, en la que hacemos varias cosas al mismo tiempo pero ninguna bien. Todo lo que hagamos con plena atención se convierte en una forma de meditación y, cuando todo lo que hacemos se convierte en una forma de meditación, es que estamos iluminados. Cualquier acción es *sádhana* y *tapasia* – práctica espiritual y sacrificio – y tiene valor por sí misma. Por tanto, ya no necesita uno ponerse a meditar por la mañana y por la tarde puesto que la meditación ha pasado a formar parte integrante de nuestra vida.

Hay un *mantra* védico que dice: "¡Que todo lo que yo haga, piense, coma o realice, y que todas mis acciones, tengan un claro propósito! ¡Que todos mis actos se conviertan en *puya*!".

De esta forma, cualquier acción estará llena de divinidad, como cuando ofrecemos una fruta, una flor o cualquier cosa con gran devoción y entrega. Pongamos el siguiente ejemplo: cuando invitamos a nuestra casa a alguien que nos gusta, la preparamos para él y sucede con frecuencia que quien se encarga de todas las preparaciones disfruta aún más que el invitado mismo porque las preparaciones encierran la satisfacción de la ofrenda — una sensación de plenitud tan intensa que con esa actitud se obtiene felicidad instantánea por el mero hecho de contemplar las flores, la comida, la pintura, la decoración de la mesa y todo ese conjunto de elementos que nos aportan una sensación tan placentera.

Sin embargo, nos podemos llevar una gran desilusión si el invitado nos comenta que el té está demasiado flojo o demasiado fuerte; que al pastel le sobra o le falta azúcar; que es alérgico a las flores — y entonces se desvanece toda nuestra felicidad. Todo depende de cómo sea nuestro invitado. En nuestras manos está decidir a quién invitamos y, para ello, debemos saber discernir con positividad. Nosotros somos los únicos responsables; somos los que creamos el impulso y la intensidad, y la otra persona es la que debe complementar la situación. La facultad de discernir constituye otra importante herramienta en el camino espiritual. Aunque el sol salga cada día, solo sentiremos su calidez si salimos a percibir su resplandor. Cuando establecemos una conexión con personas del entorno divino, eso se refleja en nuestra vida y nos acerca a la excelencia que irradia la Divinidad.

<u>Plegaria *yóguica*</u>: "¡Que mi sueño nocturno se convierta en *samadhi*; que todo lo que haga y diga sea una ofrenda y una alabanza al Señor".

Escucha a tu Ser Interior

Es importante que le prestemos atención a nuestro Ser interior de vez en cuando. Para muchos, lo importante es mantener la mente ocupada con cosas y actividades externas pero es al estar en silencio, cuando tenemos la oportunidad de sintonizar con la naturaleza que nos rodea. Cuando estamos sin nada que hacer, nos entra el aburrimiento porque no hay una actividad externa que nos distraiga la mente. Hay miles de cosas que hacemos para distraernos: cuidar del cuerpo, comer, hablar, trabajar – todo lo cual hace que estemos siempre inmersos en actividades externas.

Cuando hay inactividad física, intentamos como sea ocupar la mente con algo. Sin embargo, la mente siempre está ocupada, incluso durante el sueño nocturno. La mente nunca para, siempre está haciendo algo porque esa es su función. De hecho, aunque solemos pensar que no estamos haciendo nada, en realidad en nuestro interior se mantiene un impresionante nivel de actividad. Entonces, cuando estemos sin nada externo que nos distraiga, ¿Por qué no nos sintonizamos con nuestro mundo interior, con nuestros aspectos interiores? Podemos conectar con la mente, con nuestras emociones y hasta con los órganos del cuerpo, así como con los *chakras* y, como no, con nuestro Ser. Ninguno de estos elementos descansa nunca, razón por la cual a la gente le suele costar permanecer en silencio. Tanto es así que, con frecuencia, el estar en silencio se considera una especie de castigo.

El silencio es el estado en que podemos acumular energía, en el que podemos "cargar las pilas". De hecho, perdemos energía al hablar, sobre todo cuando se dicen tonterías. Es como comer chocolate o helado – si nos fijamos en su composición, veremos que no tienen gran valor nutricional. Cuando se habla por hablar, dando rienda suelta a la lengua, no es más que por pura distracción. Es como las especies, que hacen que la comida resulte deliciosa pero que apenas tienen ningún valor alimenticio.

Lo que decimos no es siempre lo que en realidad queríamos decir. Los políticos se especializan en decir cosas que se pueden entender de otra forma. Si hubiera expertos que se dedicaran a "traducir" lo que dicen los políticos, posiblemente explicarían que, cuando dicen, por ejemplo: "Quiero serviros...", lo que en realidad están diciendo es: "Quiero llegar más arriba". Casi todo los políticos lo hacen – dicen una cosa pero piensan otra.

Cuando nos quedamos en silencio al ponernos a meditar, cuando nos escuchamos tal y como somos, conectamos con nuestro verdadero Ser. En el silencio, todo es transparente. En el silencio no existe el miedo – no hay miedo a la dualidad. El miedo solo surge cuando nos creemos que alguien es distinto de nosotros, que es un extraño, que no nos es familiar, que no está en sintonía con nosotros o que no tiene nada que ver con nosotros. Fijaos cómo los niños no tienen miedo. No tienen condicionamientos. Eso es algo que les surge después, como resultado de la mentalidad aprendida, cuando se apoderan de ellos todos los condicionamientos de los padres y del entorno, y se crean un muro que se convierte en una especie de oscura cortina completamente opaca; una cortina de ignorancia, de puro "desconocimiento". Cuando "desconocemos", creamos el miedo, la duda, la hostilidad y, finalmente, el odio, y provocamos una situación en la que se combinan todas las fuerzas de la negatividad.

De la misma forma que al sentirnos separados de los demás nos surge el miedo y la ansiedad, la sensación de unidad nos hace sentir cariño, afecto y comprensión. Al estar en silencio, tenemos la oportunidad de experimentar la unión con nuestro propio Ser y con todos los demás aspectos de nuestras interacciones. En el silencio, las cosas son transparentes.

Sin embargo, el silencio también es una fuerza, una energía que puede resultar difícil de soportar y de tolerar porque nos asusta nuestro propio Ser, nuestra propia fuerza. Es posible que no todo el mundo quiera saber lo que es eso pero lo interesante es que es algo que nos da la oportunidad de afrontar quién y qué somos, aunque lo que más nos apetezca quizás sea huir de nosotros mismos. Casi todas las terapias espirituales auténticas se basan en el silencio.

En la India, no es nada raro que un *sadhu*, un errante buscador de la Verdad, haga todo tipo de cosas fuera de lo común para vencer sus miedos y descubrir su propia realidad. De hecho, se sabe que algunos visitan los crematorios en silencio con el fin de vencer el miedo a la muerte al enfrentarse así a la realidad de la impermanencia del cuerpo físico.

Cuando uno toma conciencia de los distintos aspectos de la vida; cuando consigue verse a sí mismo y observar el estado en que se encuentra, alcanza entonces a conocer los muchos y variados estados de la mente. A cada estado de la mente, a cada nivel de conciencia, le corresponden emociones distintas. En veinticuatro horas experimentamos un enorme abanico de estados emocionales – podemos experimentar el "subidón" de una energía mental fuertemente positiva para, seguidamente, ser víctima de un "bajón" también producido por la mente. Pero si aprendemos a llevar nosotros mismos las riendas de la energía, podremos utilizar toda esa fuerza para mantenernos en perfecto equilibrio y gozar de una salud también perfecta.

Actualmente, el ser humano debe afrontar el reto de controlar la energía natural que nos rodea para no tener que depender durante siglos de los combustibles fósiles. Paralelamente, también tenemos muchísima energía en nuestro interior que podemos utilizar para estar sanos y para recargarnos pero, desgraciadamente, el problema radica en que no sabemos encontrar la actitud adecuada para conseguirlo. Sin embargo, la solución existe. Pongamos por ejemplo cuando aprendemos a usar un ordenador, un móvil o una cámara digital. A menos que comprendamos lo que tenemos que hacer, toda esa tecnología no nos servirá para nada. De forma parecida, a menos que aprendamos a canalizar nuestra propia energía, nunca conseguiremos rejuvenecernos ni sabremos cómo afrontar deficiencias alimenticias.

Encuentra la solución al problema que tengas y elimina la carencia en cuestión. Por ejemplo, cuando hay carencia de vitamina C, hay cansancio, el sistema inmune está débil y se tiende a coger infecciones. Es bien sabido que se puede suplir dicha carencia tomando vitamina C.

Las carencias pueden ser tanto físicas como emocionales. Basta con afrontarlas para que todo vaya bien. ¿Os acordáis de los primeros momentos de la televisión y la tecnología? Fue muy emocionante. Muchos pensaron que ya no necesitarían de la compañía de nadie. Al principio, eso fue lo que sucedió pero, entonces, la gente se dio cuenta de que la televisión es incapaz de suplir la interacción con personas de verdad porque no se le puede preguntar nada, no se puede hablar con ella. En resumen, que no era la respuesta a las cuestiones de la vida. Después se inventaron los ordenadores, y a ellos sí que se les podía hacer preguntas e interactuar con ellos hasta cierto punto. ¿Puede ser un ordenador el nuevo compañero que nos haga felices? Con él podemos enviar y recibir correo; podemos hablar con los demás e incluso verles al mismo tiempo. Es posible que entonces pensemos: "¡Perfecto! Ya he encontrado a mi compañero ideal". Pero, más adelante, nos damos cuenta de que, a pesar de todas esas posibilidades, el ordenador no acaba de ser tampoco la solución perfecta. Es una gran ayuda, desde luego, pero un ordenador no suple la carencia de auténtico contacto humano. No hay compensación. Por todo lo cual, nos encontramos de nuevo en el punto de partida: hemos probado toda la tecnología moderna pero hemos vuelto al punto de partida. Primero, lo que queremos es salir corriendo de los demás y de nosotros mismos pero, después, queremos que todo el mundo regrese.

¿Cómo se puede encontrar el equilibrio? Necesitamos un equilibrio en nuestra comunicación, un sentido de equilibrio en nuestra vida que se complemente con cierta felicidad. El gran místico Túlsidas dijo: "En mi vida, hay dos tipos de individuos, y ambos me resultan crueles: los que aparecen en mi vida y los que desaparecen de ella. Ambos me alteran".

Hay veces que un simple comentario dicho sin cuidado nos puede poner de muy mal humor, sobre todo cuando la gente dice lo primero que se les pasa por la cabeza. Si no se utiliza con precaución, el lenguaje hablado puede constituir el arma más peligrosa y venenosa. No es fácil conocer a personas equilibradas cuya compañía nos enriquezca. La cuestión principal es mirarnos a nosotros mismos, observar nuestros propios errores, analizar nuestros defectos. Es algo parecido a las malas hierbas que nos salen en el césped y entre las flores. ¿Cómo quitarlas? Analiza cuáles son tus prioridades en la vida. Muchas veces me doy cuenta de que la gente se equivoca al determinar sus prioridades. ¿Te planteas qué es lo que te hace feliz, te hace sentir pleno? ¿Qué es lo que te ayuda a crecer, a aprender, a evolucionar, a ser una fuente de inspiración para los demás? Y también ¿qué es lo que te hace pasarlo mal, qué es lo que te pone triste? Mucha gente da la sensación de escoger un camino que no hace más que aportarles desgracias. Es un extraño dilema que requiere de un cambio positivo. Yo animo a la gente a que hagan *sátsang*, a que se reúnan periódicamente para animarse mutuamente y se ayuden entre sí a evolucionar.

También resulta interesante observar que, de hecho, la gente anhela estar en un entorno positivo en el que puedan desarrollarse y ser felices pero que, en cambio, acaban destruyéndolo con su conducta contraproducente. Lo importante en este caso es ayudarnos y animarnos tanto a nosotros mismos como entre nosotros para crear un entorno de cooperación y enriquecedor para todos, ya que ahí es donde se puede realmente evolucionar, lo cual constituye el auténtico objetivo de la vida. Si nos fijamos en el cosmos y en la naturaleza, veremos que todo está en evolución, incluidos los seres humanos. Si queremos belleza, paz y felicidad, lo que debemos hacer es materializar todo eso cuando se nos presente la oportunidad.

En la actualidad, el poder del dinero es el centro en torno al cual gira todo el mundo. El dinero se ha convertido en la meta mientras que se ignoran otros aspectos. Por todo el planeta abundan los proyectos inmobiliarios sin ninguna consideración por el medio ambiente ni por las necesidades sociales ni espirituales de las personas. Se ha perdido todo equilibrio para favorecer a un materialismo que nos impide ver que hay otros aspectos que también son importantes.

Debemos plantearnos seriamente qué es lo que nos hace felices, qué es lo que nos aporta plenitud, tanto a nivel individual como colectivo. Es importante fomentar todas esas cualidades y aspectos positivos de la vida. Aunque, en general, da la sensación de que la gente quiere mantenerse en el camino espiritual, la verdad es que no aguanta. Pero nuestra supervivencia depende de nuestra conciencia espiritual, por lo que debemos esforzarnos para que la gente se dé cuenta de lo importante que es no seguir a ciegas "lo que hace todo el mundo".

Quien pierde el equilibrio, lo pierde todo. Todo parece indicar que el poder del materialismo es tan fuerte que podemos perdernos. Es como la infección de la vida moderna. Resistirse a esta influencia y recuperar el equilibrio en nuestra vida es toda una empresa que debemos realizar a nivel individual. Tenemos que tomar conciencia de nuestros pensamientos, de lo que decimos y de lo que hacemos. No hay razón para no disfrutar de las cosas que sean beneficiosas para la totalidad de nuestro ser. Es el momento de cantarle a la vida y de experimentar todo lo que anhelemos, algo que podemos conseguir prestándole atención a nuestro Ser interior. Por tanto, ¡disfrutémoslo al máximo y saquémosle el máximo partido!

Capas de Amor

Muchos de vosotros hacéis preguntas sobre el *amor*. El amor es un tema muy amplio y complejo, con muchos y muy distintos niveles, con muchas capas distintas. Gran parte de ellas viene determinada por el concepto que cada cual tenga del amor, por las experiencias individuales y por cómo hemos aprendido a ocuparnos de sus ramificaciones.

Exploremos, pues, algunas de estas capas. Podemos hablar del amor básico, de un amor superior y, finalmente, del amor divino. Aunque esto nos pueda parecer una terminología muy complicada, lo cierto es que no es nada fácil definir el amor porque siempre depende de cuál es el nivel al que nos referimos en un determinado momento.

Una cosa es el amor y otra las expectativas. Cuando la gente corriente siente amor, también tiene expectativas, las cuales pueden producir mucha frustración si no se cumplen. Pues es tan sencillo como que, si no se tienen expectativas, uno no se puede llevar decepciones. Por lo tanto, el tipo de amor menos arriesgado es cuando no hay expectativa de recompensas ni de reciprocidad porque, de ese modo, se evita mucho sufrimiento y muchos malos tragos. Puede que no resulte muy fácil desarrollar la capacidad de amar sin expectativas pero vale realmente la pena intentarlo.

Sin embargo, también pueden producirse efectos

secundarios si pensamos que se nos subestima. Puede que nos entreguemos a algo hasta el punto de agotarnos pero que, aún así, no se nos reconozca el tremendo esfuerzo que implica nuestro amor. Para que el amor nos satisfaga realmente, tiene que resultar satisfactorio para ambas partes.

Cuando los demás nos agradecen nuestro cariño, la satisfacción es mutua pero, si nos toman el pelo, seguramente nos empezaremos a plantear qué podemos hacer con semejante relación a la que solo nosotros aportamos algo. Tiene que haber un diálogo; tenemos que poder expresar lo que sentimos. Es posible que la otra persona no se figure en absoluto lo que nos está pasando por dentro y que sea incapaz de comprendernos. Por eso tenemos que decir lo que pensamos y expresar lo que sentimos. Es esencial que haya comunicación.

En cambio, la situación puede ser muy distinta con una persona cuyas circunstancias de la vida hayan sido tan duras que nunca haya recibido amor – sabrá apreciar mucho más cualquier muestra de cariño.

Asimismo, pueden producirse situaciones en las que nos sintamos desbordados de "amor" y eso nos puede ser resultar igual de difícil. Incluso puede llegar a ser un lastre o aportarnos una sensación de agobio. Una vez más, la clave se encuentra en la comunicación.

Por otro lado, está el amor condicional, uno de los tipos más traicioneros sobre todo cuando hay niños de por medio. Cuando a un niño se le cría diciéndole: "Si haces tal cosa, te querré. Si no, no", puede que nunca se sienta querido ni confíe en las relaciones a menos que él pueda aportar algo en primer lugar.

Cada cual tiene su propia opinión y comprende a su manera

lo que es el amor. Desgraciadamente, cuando no se hablan las cosas, se van acumulando los malentendidos hasta llegar a un punto de total ruptura tanto de la comunicación como de la relación. ¡Tantos disgustos y tantos enfados por el simple hecho de no hablar las cosas! Es imprescindible que haya comunicación para poder definir el nivel de amor en que nos encontramos. Si nuestra comprensión del amor coincide con nuestras expectativas, ya tenemos mucho ganado.

Se suele usar el término "amor" tan a la ligera que pierde su profundo significado. No cabe duda de que el amor es algo muy complejo y que lo solemos experimentar tanto al más alto nivel de energía como al más bajo. Aunque es la emoción más compleja, intrigante, misteriosa y mística, no podemos vivir sin el amor. Es una fuerza suprema. Si estamos convencidos de que nadie nos quiere, es que se está fraguando un desastre.

Finalmente, existe otro tipo de amor, uno muy distinto: el amor del auténtico *guru*. Obviamente, es un amor que está en el polo opuesto ya que se fundamenta en el conocimiento y nunca en un intercambio. En una relación espiritual pura, no hay "trato" que valga. Dado que el desarrollo espiritual no tiene fin, la relación con el *guru* puede durar eternamente – vida tras vida. Esta conexión, este vínculo, no se basa en apariencias, ni jamás en la edad o en el género de las personas sino que tiene un fundamento exclusivamente puro y espiritual.

En el lado opuesto, el amor mundano es tan diverso como lo son las distintas culturas, formas de educación y tipos de entorno. Pongamos por ejemplo el amor que se siente por un niño: no nos enfadamos demasiado cuando comete un error o hace algo mal porque sabemos que entiende las cosas de forma distinta, que aún está aprendiendo y, por tanto, lo perdonamos. Sin embargo, cuando se trata del amor en una pareja, las expectativas pueden desembocar en un fuerte sentimiento de rabia – cuantas más expectativas se tengan, más rabia se sentirá. Como he dicho antes, intentad mantener las expectativas al mínimo y vuestro amor podrá florecer mucho más intensamente.

El amor es un gran misterio. Es algo que fluye sin cesar, algo que no se puede dividir realmente en estratos. Si nuestro amor se basa en la comunicación, es que hemos hallado lo que lo purifica y mantiene vivo. Sin embargo, cuando queremos a alguien pero sentimos que el sentimiento no es recíproco, el amor se deteriora y acaba por desaparecer. Los principales retos de cualquier relación son los deseos, las carencias y el omnipresente ego. Un consejo que siempre doy es: "Si no consigues llegar más alto, al menos no te rebajes". Hay momentos y situaciones en los que uno se siente tan mal, tan decepcionado y tan lleno de rabia que lo único que le apetece es vengarse, desahogarse y hacer daño, pero eso no le hace bien a nadie – ni a la persona que siente toda esa rabia ni a la que constituye el objetivo de dicha furia. No sirve más que para rebajar a todos y, encima, puede convertirse en algo cíclico.

Hay personas que, por distintas razones y "malos entendidos", se niegan a ser comunicativos. Algunos tienen problemas o puede que el miedo les incapacite para comunicarse. A otros les puede resultar difícil expresar sus emociones, hablar de ellas o describirlas. Sin embargo, la verdadera cuestión es el resultado de dichos sentimientos y de eso sí que se puede hablar.

El ejemplo más claro son los celos. La gente celosa hace todo tipo de locuras por culpa de su propia inseguridad. Es una enfermedad muy corriente. Pase lo que pase, hay que hablar del tema porque, si no se le hace caso, la otra persona puede ir "tragándose" sus celos y, de no afrontarse la situación con delicadeza, puede acabar explotando e incluso llegar a la violencia. Es mucho mejor y mucho más fácil que ambas personas se esfuercen por quitarle leña al fuego en lugar de azuzarlo más aumentando la energía negativa con el potencial de violencia que eso conlleva. No acumuléis sentimientos negativos. Yo siempre intento resolver cualquier conflicto y seguir hacia delante, tanto por mi propio bien como por el de la otra persona. Si acumulamos resentimiento, lo pasaremos mal. Es como la nieve recién caída – no es difícil barrerla en el momento pero, si se deja que se acumule, se hiela y entonces sí que cuesta mucho de quitar. Intentad despojaros de la negatividad sobre la marcha. Eso no quiere decir que no vayáis con cuidado, pero hay que eliminar los obstáculos ya que, más tarde o más temprano, se acabarán convirtiendo en una montaña, y no hay porqué llegar a eso. Siempre van a surgir problemas porque forman parte de la vida. Nuestra tarea consiste en resolverlos.

Por otra parte, hay también personas que no quieren ni oír la palabra "amor", porque tienen miedo a su propia vulnerabilidad y se han especializado en desarrollar una coraza en torno a sus sentimientos. Pero, más tarde o más temprano, tendrán que acabar rompiéndola.

Tanto en la política como en la religión se hace un mal uso del término "amor". La letra de una antigua canción de la época de la Segunda Guerra Mundial dice: "Alabado sea el Señor y pásame la munición…", lo cual nos da una idea de lo mal que se utiliza la palabra "amor". En la política y en la religión es fácil hacer de él un uso incorrecto aplicando un significado muy alejado de su esencia. Ya sea en determinados grupos o a nivel individual, se suele utilizar el término "amor" con un matiz de manipulación y aprovechamiento individual o colectivo. La gente utiliza con frecuencia potentes términos y expresiones de amor con el fin de recaudar apoyos para causas tanto de individuos como de asociaciones y así poder alcanzar sus objetivos aunque, en realidad, no exista el más mínimo sentimiento de amor. El amor es un concepto con fuerza, con impacto.

Si analizamos el contenido de los Diez Mandamientos, podemos observar que se basan en el sentido común, en lo práctico, en leyes socialmente estructuradas. Es de sentido común no estropear el entorno social en el que vivimos. La gente habla de Dios para que su discurso sea más impactante pero, si nos fijamos bien, veremos claramente que lo importante es no molestar al vecino o a la comunidad en que vivimos. Al mismo tiempo, en cualquier parte del mundo es muy corriente que haya disputas entre vecinos. Si lo que hacía falta era darle categoría de regla divina a una ley, no es más que una muestra de la conciencia de *Kali iuga*. Por supuesto que habría que llevarse bien con todo el mundo, y no es que no se pueda utilizar el término "amor" pero amar a todo el mundo no es ni factible ni realista.

No hay más que fijarse en la cantidad interminable de guerras en nombre de Dios que se han producido a lo largo de la historia, en cuyo escenario, debido a la agitación emocional, todas las partes proclaman tener la razón afirmándolo mediante espadas, rifles o cualquier arma de gran poder de destrucción que sea capaz de crear la mente humana. ¿A quién se le puede ocurrir eso de amar a todo el mundo? Es imposible. El término apropiado es aceptar al prójimo. Si la humanidad consiguiera ser tolerante, sería todo un triunfo. El problema radica en que las personas no se toleran y, por lo tanto, se destruyen entre sí.

¿Quién puede establecer comunicación con gente que esté cegada por su fanatismo? Esa es la gran cuestión de la raza humana: ¿cómo transmitir ese mensaje? Ya que no se pueden cambiar las religiones, ni las culturas ni los fundamentos de ninguna religión, ¿qué se puede hacer? Lo ideal sería que se pudiera debatir a nivel mundial sobre el papel de las religiones. Cuando se celebra un debate a nivel mundial, pueden resolverse muchos conflictos. Puede que otras personas no nos gusten pero se puede aprender a aceptarlos. Es una forma de neutralizar la situación.

También es importante empezar este debate a nivel del amor individual. Cuando uno empieza a descubrirse y amarse a sí mismo, a tomar conciencia de su potencial, de su comprensión, de sus sentimientos y de muchos otros bellos y agradables aspectos de sí mismo, tiene la posibilidad de compartir todo eso con los demás, igual que cuando un niño viene a nosotros totalmente entusiasmado con lo que acaba de descubrir y nuestro deber es compartir su entusiasmo para reforzar su aprendizaje. Al aprender a participar y celebrar, la gente, como colectivo, es capaz de crear un entorno maravilloso.

Cuando se interactúa con los demás, pueden surgir muchas emociones. Por ejemplo, cada día vamos a trabajar y allí compartimos ocho horas al día con toda una serie de personas con las cuales, aparte del trabajo, no tenemos nada en común. ¿No sería bueno tender puentes sobre unas bases de objetividad para que haya una buena comunicación entre todos los compañeros de trabajo? La única expectativa que debería haber es la de que el trabajo saliera bien y eso se materializaría también en una comprensión mutua y en más armonía.

Hay un proverbio que dice: "Fíjate en tu espacio y cuida de tu propio jardín". Tenemos que comprender qué papel desempeñamos tanto nosotros como los demás. Si uno no tiene claro cuál es su propio papel, puede tener problemas con los demás. Intentad mantener la armonía en cualquier circunstancia adoptando una actitud más positiva, desinteresada y cariñosa, libre de expectativas.

Agni, el Fuego Sagrado

En la época de los Vedas se tenía por costumbre invocar las energías de los cinco principales elementos que están presentes en todos los seres vivos. Dichos cinco elementos – *Agni*, fuego; *Váiu*, aire; *Príthivi*, tierra; *Yal*, agua; y *Akasha*, espacio – están siempre presentes y se les venera en calidad de deidades. Además, todos los seres vivos de este mundo contienen estos cinco elementos básicos como componentes esenciales del cuerpo.

Vamos a concentrarnos y a meditar en Agni, el fuego. El fuego está presente en todo momento y en todas partes – incluida la mente – y puede ser tanto visible como invisible. Existe tanto dentro de nosotros como a nuestro alrededor. Se considera que Agni es la deidad primordial y es quien preside la ceremonia del casamiento, lo cual se refleja, por ejemplo, en el hecho de que los novios deben caminar alrededor de la hoguera siete veces como símbolo de las siete condiciones que ambos cónyuges se comprometen a cumplir. Es un rito que consolida y simboliza el matrimonio por el hecho de que, a diferencia del aire o del agua, el fuego no se puede contaminar con nada.

Los pueblos védicos consideraban que se puede contactar con el Ser Supremo a través de estos cinco elementos vitales. Sus métodos de adoración son absolutamente científicos porque los rituales que se realizan para venerar dichas cinco deidades (*pancha-maha-bhuta*) se basan en los conocimientos de las leyes cósmicas y de la naturaleza.

También se considera que el fuego es la representación directa del Ser Supremo, de la Realidad Suprema. Es bueno tener ciertos conocimientos sobre el fuego tanto exterior como interior, comprender el papel que desempeña, su significado y su función tanto en la vida como en el más allá – comprender que, debido a las necesidades, lo invisible se hizo visible. El fuego individual ha existido siempre, igual que el *Atma*.

Siempre que aumente la necesidad de que el *Atma* (el Ser, el alma inmortal) se manifieste a través de nosotros, si nos esforzamos de corazón, descubriremos nuestra propia energía "*átmica*", que será la que nos ayude a tomar conciencia de nuestro propio Ser. Es una revelación de nuestro propio Ser. Llevamos mucho tiempo separados de nuestro propio Ser y regresar a Él es como regresar a casa – es un reencuentro con nuestro propio Ser auténtico. Cuando miramos al fuego, estamos mirando a nuestro propio *Atma*, nuestro auténtico Ser, y entonces tenemos la oportunidad de ver realmente quién y qué somos. El fuego es un símbolo crucial para comprender nuestra existencia, para contemplar el misterio de nuestro propio Ser y de todos los aspectos de la vida.

La vida está repleta de misterios y depende de si nosotros queremos descubrirlos, uno a uno, para tomar conciencia del propósito de nuestra vida y del papel que desempeñamos. Al conseguirlo, todo lo demás encaja por sí solo.

La ceremonia del fuego se denomina *gñana iagña* (*iagña* del conocimiento) y sirve para invocar la energía que nos permita contactar con seres superiores y pedirles que vengan y se revelen ante nosotros. Esta ceremonia es una manera de conectar con seres superiores. En la tradición védica, se utiliza el fuego y la *iagña* a modo de celebración y descubrimiento del conocimiento.

Salimos con un nivel superior de conocimiento. Los niveles de conocimiento son comparables a los distintos estratos de la tierra. Cada vez que participamos en una *gñana iagña*, acumulamos un nuevo estrato de conocimiento, el conjunto de los cuales pasa a formar parte de nuestra riqueza personal, algo que debemos atesorar. Todo eso se integra dentro de nuestra conciencia. Cualquier palabra que decimos queda registrado para siempre en el registro *akáshico*. Cuando se tiene acceso a dicho registro, depende de uno el utilizar o no todo ese conocimiento. Podemos imaginar ese cúmulo de conocimientos como si fuera nuestra propia biblioteca, de la cual nos podemos servir todo lo que queramos. Esos conocimientos no están simplemente para quedar almacenados en unos archivos que en poco tiempo pueden caer en el olvido. Nunca se pierde ni se desperdicia nada. Entonces, ¿cómo se puede sacar el máximo rendimiento de ellos, sobre todo cuando atravesamos una crisis en la vida? Hay que recuperar una fórmula determinada y aplicarla en la vida para, así, poder encontrar la solución que resuelva nuestro problema. Así es como funciona pero tenemos que recordárnosla porque puede que hayamos olvidado la fórmula. Entonces tenemos que reactivar nuestra memoria porque la verdad eterna, que es el fundamento de la vida, no se olvida nunca – siempre está con nosotros. Si todo ese conocimiento está a nuestra disposición, os preguntáis: "¿Cómo se puede utilizar de forma correcta y aplicarlo en nuestra vida?". Pues bien, puede que al principio constituya todo un reto pero, con la práctica, puede llegar a convertirse en parte de nuestra vida. Intentad mantener este conocimiento tan vivo y tan llameante como el fuego.

Muchos sabéis que el *dhoti* naranja que llevan los *sanniasin* simboliza el fuego en el que se consumen todos los deseos mundanos. Ahora bien, lo que arde es el fuego eterno de la dicha y del amor espirituales. Si conseguimos llamear como ese fuego – con positividad, gran fuerza y energía – se convertirá en un proceso de purificación y un gran símbolo de la vida. Ese conocimiento es tan ardiente como el fuego y en él se consume toda la ansiedad.

El fuego es también un símbolo de protección. Por ejemplo, si se prende una hoguera en medio del bosque, no se nos acercará ningún animal. También nos aporta calor, nos sirve para cocinar y fomenta la comunicación con una buena compañía. Desde siempre el fuego ha desempeñado un papel vital en todas las culturas y civilizaciones, y ha sido el objeto de veneración de ceremonias ancestrales. Ya en la era de piedra, el descubrimiento del fuego fue un hito en la evolución.

Una vez analizados todos estos aspectos de uno mismo, y después de contemplar una nueva dimensión de nuestra existencia, intentemos conservar todos estos recuerdos para el bien propio y de los demás. Esto es un elemento más de la vida que sirve para aportarnos plenitud. Hemos aprendido que nada es imposible, que todo es parte de la TOTALIDAD, que todo es completo – *purna*. Recordad el *mantra* que constituye la esencia de las enseñanzas de los Vedas: *Om purna-madáh purnamidam purnat...* A nada le falta nada. Tanto lo que veo como lo que no veo, somos todos pura plenitud. Seguid repitiéndoos que sois plenitud, que no os falta nada. Este concepto de que nos falta algo se ha introducido en la conciencia humana y es malo. El *purna mantra* es una potente invocación y meditación. Invocad vuestra energía y, mientras repitáis el *mantra*, proyectad la luz del conocimiento sobre cualquier tipo de oscuridad que haya penetrado en vuestra conciencia.

"*om purna-madáh purnamidam purnat purna-mudachaté purnasiá purnamadáia purnamevá-vashishiaté*"

Conecta con tu Ser Superior: Una cuestión de Poder

La meditación se puede practicar en cualquier momento y en cualquier lugar con el fin de conectar con nuestro Ser Superior y conseguir utilizar nuestra energía y potencial de forma equilibrada. Es un estado mental en el que se establece una conexión, una sintonía, entre uno mismo y nuestro Ser Superior. Además, es una herramienta que ayuda a conectar también con los sentidos y con el cuerpo. Nos pasamos casi todo el tiempo en un estado de desarmonía en el que no hay conexión entre la mente y los sentidos, los cuales parecen más bien una estampida de caballos salvajes en cualquier dirección.

Uno de esos caballos salvajes es la rabia, un sentimiento demasiado frecuente y que nos puede llevar a perder completamente el control de nosotros mismos, de lo que decimos y de lo que hacemos, y abocarnos a algún tipo de fatalidad de graves consecuencias. Las cosas que se dicen con rabia pueden resultar muy dañinas, y su impacto permanecerá aunque uno cambie de opinión al recuperar la sensatez. De ahí que exista el refrán: "A lo hecho, pecho".

Otra manifestación frecuente de estos caballos desbocados es la depresión, a la que a veces se conoce como "el negro perro salvaje". Cuando la depresión se apodera de la mente, todo se ve como en una escala de grises y negros, con ausencia de colores y de luz. Todo está ensombrecido y no se consigue ver salida alguna.

Es como estar en una habitación oscura donde no se ve nada – cuando la mente está sumida en la oscuridad, es igualmente complejo encontrar una solución a las dificultades del momento. Por lo tanto, lo mejor es no tomar decisiones importantes cuando uno se encuentre acosado por ese "negro perro salvaje".[2]

La depresión es como cuando el cielo está plomizo y lleno de negros nubarrones. Fijaos en cómo os sentís cuando el cielo está encapotado, cómo os afecta al cuerpo y a la mente. Hasta un día nublado nos puede afectar profundamente y darnos una sensación de pesadumbre y desgana. Son muchas las cosas que nos pueden afectar: los planetas, el tiempo, las vibraciones del entorno y de los demás. Por mucho que queramos encontrarle a todo una lógica y una explicación racional, hay cosas que no la tienen. Algunos días nos sentimos fenomenal, todo fluye y las cosas van sobre ruedas. En cambio, hay otros días en que empezamos mal y todo se tuerce. Ambos extremos nos resultan muy familiares.

En muchos países, la gente consulta a los astrólogos para averiguar cómo les afectan los planetas y, así, poder aprovechar sus influencias positivas y evitar las tendencias negativas de determinados días. Cuando los astros nos favorecen, los acontecimientos importantes y las decisiones que tomemos tienen más posibilidades de salir bien.

Sin embargo, lo que realmente marca la diferencia es la energía y la fuerza espiritual. Cuando uno tiene una protección espiritual, se reduce drásticamente el efecto de muchas influencias negativas. Esa protección es como una especie de "seguro

---

2 El color negro tiene una amplia simbología y no siempre es negativo. Si no existiera el color negro, tampoco existirían los demás colores. El negro también representa la noche, las fuerzas oscuras que tenemos dentro, por ejemplo, cuando estamos deprimidos.

espiritual" que nunca falla. Pero, entonces, cabe preguntarnos: "¿Hemos contratado una póliza *premium* de ese seguro espiritual?" *Premium*, en este caso, quiere decir mediante amor, confianza, dedicación, devoción, humildad y servicio.

La vida no es tan fácil como a veces puede parecer. De hecho, es tan compleja como lo es la mente y los sentimientos humanos. Dicha complejidad queda de manifiesto cuando sucede algo inesperado. Nuestra mente percibe algo y, de inmediato, obedecemos sus dictados en forma de decisiones o contraataques, independientemente de si la circunstancia en sí es positiva o negativa. Son contadas las ocasiones en que nos planteamos si es acertada o no nuestra reacción o decisión – simplemente lo hacemos, obedecemos al impulso sin analizar ni evaluar la situación. Desgraciadamente, la gente no suele tener impulsos positivos y dejarnos llevar por los impulsos no suele servir para resolver una situación o un conflicto determinado.

En el punto opuesto, encontramos la excepción – la meditación, porque ahí se recomienda actuar según nuestro impulso positivo. La meditación no tiene horarios sino que, más bien, deberíamos aprovechar cualquier momento en que la mente esté tranquila para dejarnos sumir en el estado de meditación. Cuando la mente está agitada y preocupada, no hace más que complicar las cosas. Por muy insignificante, pequeño o ridículo que sea el problema, cuando la mente está ofuscada puede resultar imposible conseguir meditar. La mente humana no necesita de grandes razones para ofuscarse – más bien tiene consumada experiencia en dramatizar la situación y en convertir un pequeño malentendido en toda una crisis.

Se necesita mucho tiempo para dominar dichos impulsos, ya que tanto afectan al cuerpo como alteran el equilibrio mental.

Toda la maquinaria del cuerpo se ve afectada. En lugar de permitir que una pequeñez se convierta en una bola de nieve, debemos aprender a minimizar el problema y evitar las crisis, ya sea en el hogar, en el trabajo o dondequiera que nos encontremos. Pero esa capacidad y control personales surgen de un impulso espiritual natural que no se puede fingir ni forzar, sino que se convierte en parte íntegra de nuestra existencia y constituye un reflejo de la sensación natural interna de "Estoy en paz".

Esa es la forma natural de resolver una crisis, un proceso que consiste en dejarnos sumir en un estado de meditación. También es aconsejable reunirse con otras personas para meditar y crear un ambiente de relajación. Les podemos ofrecer algo: "¿Os apetece un té?". Siempre se agradece una taza de té; nadie se opone a ello y sirve para conectar y relajar a la gente. Podemos hablar con nuestra mente y preguntarle: ¿Estás feliz? Si la mente dice: "No", entonces le preguntamos: "¿Y por qué no?". "Pues porque quiero tal y tal cosa, y no las tengo...". Es muy sano dialogar con nuestra propia mente. Así nos podemos convencer a nosotros mismos y podemos ser nuestro propio *guru*.

La relación con nuestro auténtico *guru* es de carácter espiritual y se basa en la naturaleza divina porque a ese nivel es donde estamos todos conectados. La idea es que le contemos todo a nuestro *guru* con total confianza para que la conciencia se nos llene de luz y podamos superar nuestra confusión. Aunque está muy claro cuál es el papel del *guru*, también debemos ser nuestro propio *guru* y ser responsables de nuestros actos.

Siempre se adoptan las cualidades de aquello a lo que uno se arrima. Es como cuando paseamos por un jardín lleno de flores. Cuando salimos, vamos oliendo a flores. Sucede que, en ocasiones, la gente quiere participar en actividades que les parecen atractivas pero que no siempre resultan sanas o beneficiosas y uno se pregunta: ¿Por qué razón se apuntan a esas cosas? ¿Para descender al nivel de los demás? ¿Cuál será la auténtica razón? También se le puede preguntar a las otras personas: Si me uno a vosotros, ¿es que os sentiréis menos culpables de tener esos hábitos? Esto no es más que uno de tantos ejemplos de las trampas que nos tiende la mente, de lo extraño de su comportamiento.

Tenemos que entablar amistad con nuestros sentidos. ¿Por qué nos sentimos deprimidos, enfadados, molestos, etcétera? ¿Por qué nos sentimos frustrados? Debemos buscar la respuesta en nuestro interior y establecer ahí nuestra felicidad, en cada momento, aquí y ahora, no en algún momento del futuro. ¡Voy a ser feliz AHORA!

Cuando aceptamos nuestros sentimientos con naturalidad, podemos reconocer que forman parte de nosotros, de nuestra personalidad y, así, nos resultará más fácil controlarlos. Debemos recordar que no nos son extraños, que no es que vengan a visitarnos, sino que forman parte de nosotros y de nuestras variadas formas de manifestarnos. Conviene que comprendamos bien los distintos tipos de energía que manifestamos los seres humanos.

Según los principios de los Vedas, Shakti,[3] la energía, se manifiesta de formas muy variadas, una de las más extremas de las cuales es Kali, el símbolo de la energía extrema. Nuestra única

---

3 El término genérico *shakti* hace referencia al principio creativo, femenino universal así como a la fuerza y energía que tiene implícitas cualquier divinidad masculina, incluida Shiva. Para referirnos a la Shakti se suele utilizar el término genérico *Devi*, que proviene de la raíz *div* – resplandecer. Shakti es "La Resplandeciente", recibe distintos nombres según los lugares y se la representa con distintas formas como símbolo del poder universal otorgador de vida.

opción es desear que la energía no llegue a dicho extremo.

Se dice que Shakti se manifiesta de nueve formas distintas, cada una de las cuales representa un aspecto distinto de la vida. Esa energía está en constante expansión y contracción.

Debería ser capaces de aislarnos con facilidad de los estímulos externos y dejarnos sumir en el estado de meditación, desconectando de los millones de burbujas temporales o experiencias de la vida que desaparecen y se renuevan constantemente. La creación y la disolución forman un proceso continuo de ciclos mentales y emocionales, toda una serie de fluctuaciones a las que está sujeto el ser humano corriente. En cambio, los seres superiores son como un generador que puede crear ondas intensas a partir de la nada. Intentad acumular tal cantidad de potencia que actuéis como generadores de energía positiva allá donde vayáis.

Después de que aparezca el *Satguru* en nuestro camino espiritual, es frecuente que se produzcan muchas crisis, a veces incluso tan intensas como una tormenta. Es una energía que no se puede ignorar ni ocultar. A medida que avanzamos en el camino espiritual y realizamos prácticas, esa energía positiva evoluciona y se va equilibrando.

El ser humano crea una percepción colectiva al creerse que nada puede funcionar sin el "yo", pero eso no es más que la voz del ego, a menos que nos percatemos de que o bien somos parte de la totalidad o de que no somos nada. Recordemos siempre que **tenemos que reconocer nuestro propio y auténtico Ser** para serlo todo. De lo contrario, a nivel humano, el individuo no es nada más que un ente temporal con una misión temporal, con una tarea temporal que cumplir en esta vida, y decididamente, no es irremplazable. Se trata tan solo de un caso de identidad equivocada. Sin embargo, a pesar de haber olvidado nuestra auténtica identidad, a cierto nivel somos conscientes de ese hecho, razón por la cual seguimos buscándola aunque, con frecuencia, justo donde no se debe y, por ello, permanecemos en el limbo – discutiendo, peleándonos, atrapados en el espejismo, produciendo mucho sufrimiento y dolor hasta que nos damos cuenta de lo que hemos hecho.

En este mundo, cuando decimos "yo soy" nos referimos al cuerpo como posición de poder en lugar de hacer referencia a nuestro auténtico Ser. El dolor, confusión y sufrimiento que son consecuencia de haber adoptado esta identidad errónea quedan de manifiesto en la actuación de los políticos, que han sido elegidos por el pueblo. A nivel colectivo, les damos poder a ciertas personas y, acto seguido, nos percatamos de las consecuencias desastrosas de nuestra elección y, entonces, les echamos la culpa. En cambio, cuando esas personas son decentes y responsables, pueden utilizar todo ese poder para el bien universal. El problema del mundo hoy en día es que se les ha dado poder a líderes inadecuados –hemos puesto el poder en unas manos equivocadas. Los dirigentes de este mundo no son competentes ni adecuados. Sin embargo, si ese poder no se utiliza, se convierte en algo destructivo, como se puede comprobar en las distintas políticas y condiciones globales como, por ejemplo, el cambio climático. Podemos destruirnos si cambiamos la energía del planeta y creamos un impacto negativo en el potencial humano, lo cual demuestra la importancia de respetar los elementos básicos tal y como se explica en la filosofía védica. Esa sabiduría y buena orientación es lo que nos aporta el *Satguru* y, sin todo ello, la humanidad es mucho más pobre.

Para manejar todo ese poder con responsabilidad es imprescindible tener sabiduría y buena orientación, que es justo lo que nos aporta el *guru*. De lo contrario, sin *guru* y sin buena orientación, todo resulta mucho más difícil. Para liderar, para gobernar toda una nación, hay que saber combinar el poder con la sabiduría.

El concepto del *Guru* y las fases del tiempo

Desde que la humanidad existe, los ciclos de los cuerpos celestes siempre han desempeñado un papel importante. En la prehistoria, el hombre dependía necesariamente de las estaciones así como de los cambios producidos por la alternancia del día y de la noche, de la luz y de la oscuridad. Con el paso de los tiempos, se empezó a utilizar los ciclos del sol y de la luna para establecer el paso del tiempo, llegándose a crear calendarios que calculaban y proporcionaban un determinado concepto del tiempo. Mientras que, en algunas culturas, los calendarios se basaron en las fases de la luna, en otras posteriores se fundaron en los del sol.

El calendario hindú, por ejemplo, se basa en las fases de la luna – ciclos de 28 días divididos en dos partes: un segmento de 14 días se denomina *paksh* y corresponde a las fases creciente y decreciente de la luna.

En la India, la luna llena es muy importante. Cada una de las que se producen a lo largo del año tiene un determinado significado espiritual, y es considerada una fuerza siempre positiva a diferencia de la simbología tradicional de occidente en la cual, al asociarla con hombres lobo y con Drácula, tiene una connotación muy negativa de asociación con potentes fuerzas de la oscuridad.

La luna llena que cae entre julio y agosto se denomina

Guru Púrnima y es el día dedicado al *Sátguru*, al maestro, al mentor. Literalmente, el término *guru* significa "el que elimina la oscuridad", es decir, el que nos llena la vida de luz al eliminar nuestra confusión mediante la claridad y sacarnos de la ignorancia mediante el conocimiento. Hay que aprender a reconocer al *Sátguru* pero también hay que evitar aquellas influencias negativas que nos aporten conflictos.

En la India, el concepto de *Sátguru* se remonta al principio de los tiempos, desde la creación.[4] Es un concepto que la India ha aportado al resto del mundo. La relación entre el *Sátguru* y el discípulo es estrictamente espiritual y divina. No es mundana ni material, a diferencia de nuestras relaciones con nuestra familia y amistades.

Son pocas las cosas de este mundo que distinguen a la civilización humana de todo lo demás y deberían conservarse, preservarse y mantenerse. Una de ellas es el modelo del *Sátguru*. La gente puede tener tanto un *guru* colectivo como un *guru*, preceptor, guía o maestro individual. Según esta hermosa tradición, estar sin *guru* es ser como un árbol sin frutos, un río sin agua, un campo sin cosecha o un jardín sin flores. Es decir: yermo. Ese es el propósito y la importancia de tener un *guru* en la vida. ¡Estamos en este cuerpo para aprender y para crecer! Se considera que la madre es nuestro primer *guru* y, cuando uno ha evolucionado lo suficiente para tener al *guru* definitivo, el *Sátguru*, éste nos guía en nuestra travesía por el inmenso océano de la eternidad hasta alcanzar nuestro destino final. Sin embargo, antes de estar listos para este último paso, tenemos que atravesar distintos períodos de formación con *"gurus"*.

---

4 *Naráian,* o el concepto de Dios, fue el primer *guru*. La palabra *guru* también hace referencia al Ser Supremo.

Todo el mundo puede encontrar un *guru* cualquiera pero es muy difícil encontrar un *Sátguru*, el cual aparece únicamente cuando uno está formado y preparado para dar los pasos finales. De lo contrario, no se le reconoce, ni se le valora ni se obtiene beneficio alguno de él. Obviamente, uno también puede sacarse el "graduado escolar" de un *guru* corriente y acceder a la "universidad" del *Sátguru*. Un refrán indio dice: "No bebas agua hasta que no le hayas quitado todas las impurezas".

Aparte de las fases lunares, hay otras diferencias importantes entre el calendario occidental y el hindú. Hay unos amplios períodos de tiempo, los *iugas*, que se clasifican de la manera siguiente:

Satia iuga – la era dorada

Treta iuga – la edad de plata

Duápara iuga – la edad de la penumbra

Kali iuga – la edad de la oscuridad

Aunque se supone que, al concluirse un ciclo, tiene que producirse la disolución, puede suceder también que se pase gradualmente a la siguiente era. Imaginémonos que, un día, nos despertamos y todo es distinto: las personas son amables entre sí; no hay guerras, conflictos, peleas, venganzas ni críticas; la pobreza no existe; todo el mundo lo comparte todo y se ayuda entre sí; nadie padece enfermedades ni dolores. En resumen, no existe ninguna manifestación de ningún tipo de negatividad y todo el mundo es feliz. Eso sería el día de *Satia iuga*. ¡Quizás no sea hoy pero no perdamos la esperanza! Sin embargo, cuando nos despertamos y hay alguien que nos grita, y quizás nos duela la artrosis, entonces sabemos que no ha cambiado nada. Aunque *Kali iuga* sea la peor de todas las eras, podemos crear nuestra era dorada si seguimos el camino espiritual. Siempre tendremos ese privilegio. Si seguimos el camino espiritual y aplicamos las enseñanzas que nos ha impartido nuestro Maestro espiritual, se nos otorga esa excepción. Por tanto, en esencia, la elección está en nuestras manos – podemos crear nuestra era dorada y los efectos de *Kali iuga* se verán reducidos al mínimo.

El *Sátguru* tiene su propio ámbito, su propio territorio. *Kali iuga* puede disfrazarse de discípulo pero en realidad viene para alterar ese equilibrio y ambiente dorado en busca de víctimas que descarrilar. Hay veces que lo consigue pero, si nos mantenemos alerta, no permitiremos que nos afecten sus maquinaciones. En cambio, los que están afectados por *Kali iuga* intentarán, sutilmente, atacar al *Sátguru* desatando rumores y lanzando críticas.

Según la tradición hindú, cuanto más atrás nos remontemos, mejor eran los tiempos mientras que, según el concepto occidental, la era de la oscuridad fue el pasado y se supone que actualmente todo va mejor. Pero esto es una visión limitada ya que la tradición occidental solo tiene en cuenta unos pocos milenios mientras que la hindú se basa en muchos miles de años, independientemente de los distintos que puedan ser los conceptos de fechas de la civilización y el tiempo en sí según las culturas. La datación de las civilizaciones es una ciencia inexacta y confusa, de la que nadie está seguro.

Muchos Maestros espirituales, como Buda por ejemplo, prefieren que se celebre la luna llena en lugar de su fecha de nacimiento físico y, especialmente, la luna llena de *Guru Púrnima* – el día del *guru* (Maestro espiritual, Maestro o Guía) – que cae entre julio y agosto y es el día designado para que los que tienen un compromiso personal con las enseñanzas de su maestro (a los que se les suele denominar "discípulos" o "seguidores"), demuestren y renueven dicho compromiso y amor hacia su *Sátguru* y hacia su camino espiritual. Asimismo, es también el día en que el *Sátguru* evalúa el desarrollo de sus discípulos y en que éstos hacen lo propio con su compromiso y analizan su propia evolución. Pero, sobre todo, es el día en que deben tomar conciencia de todo lo que les falta por caminar hasta conseguir integrar en su vida el camino, la conciencia y sus prácticas espirituales. Un elemento clave en este momento de reflexión y evaluación es el concepto de responsabilidad de nuestra propia vida así como un enfoque holístico de la vida aplicado a las enseñanzas espirituales en la vida diaria y a la búsqueda de la autosuficiencia al tiempo que ayudamos a avanzar a los demás compañeros de viaje.

Cuando se nos imparten enseñanzas y se nos otorga conocimiento, se supone que debemos aplicar dichos principios y lecciones en nuestra vida. Es como si nos dieran una llave que tenemos que utilizar con sabiduría para abrir la puerta correcta, no la equivocada. También somos responsables de utilizar de forma correcta el conocimiento que se nos ha dado, lo cual requiere de contemplación y reflexión periódica. *Guru Púrnima* constituye toda una oportunidad para reflexionar e introducir cambios positivos en la vida.

Mucha gente quiere huir de la realidad pero eso no es una solución. Más bien deberíamos afrontar la realidad de nuestra propia verdad. Afrontar nuestra propia realidad es la única manera de afrontar nuestros miedos o fobias. Cuando afrontamos nuestros miedos, nuestra realidad, descubrimos que, en realidad, nunca había realmente nada que temer sino que hemos ido desarrollando condicionamientos respecto a cosas que no conocíamos y creando nuestras propias fobias.

Todos los días de la vida se toman decisiones y, al haber

recibido conocimiento espiritual, estamos mejor capacitados para tomar decisiones correctas y equilibradas desde el punto de vista de lo que nos aporta realmente plenitud en la vida.

Entonces, ¿qué papel desempeña el *Sátguru*? Es algo que explican muchos textos espirituales: el *Guru* es el que elimina la oscuridad de la ignorancia; el que nos conduce de lo falso a lo verdadero, de la oscuridad a la luz y de la muerte a la inmortalidad (*Asatoma Satgamaiá...*), hacia la iluminación. El *Sátguru* es el que nos proporciona la llave para abrir la puerta correcta y para tomar las decisiones correctas. Conviene evaluar hasta qué punto ha crecido nuestra comprensión como resultado de nuestras experiencias, y disfrutar del *Guru Púrnima* con un espíritu de crecimiento positivo y de progreso en nuestro camino.

Hay una historia que sirve de ilustración de lo necesario que es analizar nuestro progreso en el camino así como del papel que desempeña el *Sátguru*.

Un Maestro llevaba ya varios años instruyendo a un antiguo discípulo suyo sobre las sagradas lecciones que aporta la *Bhágavad Guita*, por lo que era razonable esperar que éste hubiera aprendido a integrarlas en la vida diaria, es decir, a vivir según lo que había aprendido de dichas lecciones. Por ello, un día, el Maestro decidió salir de viaje.

Al cabo de muchos días, el Maestro decidió regresar e ir a ver a su discípulo pero, al acercarse a casa de éste, se dio cuenta de que había mucha gente haciendo cosas, niños corriendo y una mujer que intentaba reestablecer el orden a voz en grito. Finalmente, el Maestro encontró a su discípulo y lo vio infeliz, preocupado y pasándolo fatal. Éste, al reconocer a su Maestro, se echó a llorar amargamente.

"Por favor, cálmate y cuéntame qué te ha pasado", le dijo su Maestro. "Maestro, me esforcé al máximo por seguir tus enseñanzas pero ¿qué iba a hacer yo si *Maia* (lo ilusorio) me tiene completamente encadenado? Ahora tengo esposa y doce hijos, y mantenerlos a todos es toda una proeza. Me siento desbordado por la responsabilidad de ser el cabeza de familia".

El Maestro le preguntó: "¿Te das cuenta de lo que has hecho? No solo te has buscado tu perdición sino que, además, has puesto en peligro el futuro de tus hijos, sin contar con que da la sensación de que te has olvidado de todo lo que te enseñé".

Ante estas palabras, el discípulo se puso un poco a la defensiva: "Pero, Maestro, ¿qué le voy a hacer? No es mi culpa sino que *Maia* me ha atrapado con tanta fuerza que resulta imposible liberarme de sus redes. Ahora lo que necesito es dinero para mantener a mi gran familia pero el problema está en que no sé cómo conseguirlo".

Ese fue un momento muy duro ya que, al fin y al cabo, ese discípulo prometía mucho pero ahora le estaba rebatiendo lo que le decía. Entonces, el Maestro decidió quedarse unos pocos días para intentar ayudarlo pero, al acercarse la hora de partir, como el discípulo seguía sin entender nada, el Maestro decidió darle una última lección para que se diera cuenta de que él era el único responsable de sus propios problemas.

Abrazándose con fuerza a un viejo árbol, el Maestro se echó a llorar y, al oírle el discípulo, se acercó a ver qué le pasaba: "¿A qué viene ese llanto, Maestro?", a lo que éste respondió: "Hijo mío, estoy desamparado porque este árbol me ha atrapado por completo y no me deja marchar".

"¿Cómo? No te comprendo, Maestro. Con lo sabio que eres,

¿cómo le puedes echar la culpa al árbol si eres tú el que está abrazado a él? ¡Suéltalo y estarás libre!"

El maestro se quedó mirando al discípulo y le dijo: "Eso es justamente lo que intento que tú comprendas. Tú eres el único responsable de tu situación y solo tú puedes liberarte a ti mismo… una vez te hayas ocupado del bienestar de tu familia".

Debemos comprender que, en la vida, el *Sátguru* es el que nos da la llave para abrir la puerta correcta cuando aparezca en nuestro camino. Pero es imprescindible que te responsabilices de tu propio progreso tanto si el *Sátguru* está físicamente contigo como si no en momentos en los que hay que tomar decisiones en el viaje de la vida.

La relación con el *Sátguru* también puede resultar confusa. En occidente y, en particular, en los Estados Unidos, en la publicidad de cursos de seis semanas se incluye que, al final, se conceden "certificados de *guru*". En la India, en cambio, el curso de aprendizaje, bastante distinto por cierto, dura por lo menos doce años y si, en dicho momento, el *Sátguru* dice: "Aún no estás preparado", se tiene que afrontar otros doce años de *tapasia*, de prácticas y austeridades, y ni se le pasa a nadie por la cabeza dar ese título que se concede en occidente. En algunos países predomina el "Todo vale" y las consecuencias se experimentan en todo el mundo. Hace pocos años salió un artículo muy positivo sobre el *yoga* en la prestigiosa revista americana *Time* y, curiosamente, justo después de dicha publicación, muchos indios empezaron a practicarlo, aunque el *yoga* y la meditación existan desde haces miles de años y siempre hayan estado integrados en el estilo de vida védico. Pero no se convirtió en una moda hasta salir publicado dicho artículo. Actualmente, en todos los canales de televisión de la India se pueden ver programas de *yoga* pero todo empezó a raíz de ese artículo de la revista *Time*. La gente no era consciente de que eran esclavos de la mente. Esa mentalidad de "esclavitud" es un aspecto pérfido de una mente que está encajonada entre estereotipos y limitaciones, algo que cuesta mucho tiempo de deshacer y que nos obliga a vivir sin creatividad ni innovación. Mientras el maestro está presente, puede que nos dediquemos a servirlo pero, en cuanto desaparece, volvemos a caer en nuestros antiguos hábitos. El refrán "Cuando el gato va a sus devociones, bailan los ratones" sirve muy bien para ilustrar esta situación.

Cuando uno está convencido de ser un esclavo, tarda mucho en emanciparse, en liberarse porque se ha programado a sí mismo para no funcionar con una mente propia. Si nuestra mente es incapaz de pensar y crear por sí sola, es que somos esclavos. También se puede ser esclavo de los deseos, del nivel más bajo de la mente y el cuerpo. La esclavitud se manifiesta de distintas maneras. Sin embargo, lo que queremos es liberarnos y emanciparnos de nuestras propias limitaciones para dejar de ser prisioneros.

Ese es el momento en que el *Sátguru* puede interrumpir el ciclo de condicionamientos y programaciones negativas, lo cual puede conducirnos a un profundo replanteamiento y a cambios radicales, algo vital dada la "Era de la oscuridad" en la que está atrapada la mayoría de la población de este mundo. Cuando se está en el camino de la búsqueda de la iluminación, se debe prestar atención al *Sátguru*. El concepto del *Sátguru* nos permite crecer, aprender y experimentar nuestra divinidad interior, sentir un pálpito distinto, una energía de vibración espiritual, fruto de nuestra sintonía con esa energía superior.

Como ilustración de lo importante que es entregarnos a dicha energía superior personificada en el *Sátguru* vamos a recordar la historia de Milarepa, el gran *yogui* tibetano.

Hace mucho tiempo, en el siglo XI, vivía en el Tíbet un joven llamado Yetsun Thöpaga. Nacido en una familia con buenos recursos, tanto él como su hermana Peta parecían tener asegurado un futuro prometedor. Sin embargo, dado que nada es seguro en esta vida, cuando Thöpaga tenía 7 años, su padre cayó enfermo y murió, debido a lo cual sus tíos, que habían sido siempre los parientes pobres, se convirtieron tanto en tutores de los dos niños como en los administradores del patrimonio familiar.

Ni que decir tiene que este cambio de circunstancias se tradujo en una total angustia tanto para la viuda como para sus hijos ya que, no solo fueron víctimas de malos tratos sino que les fueron usurpadas todas las tierras y pasaron años de hambre y gran miseria.

Al final de su adolescencia, harto de las manipulaciones de sus tíos y alentado por su madre, Thöpaga decidió que había llegado el momento de vengar a su padre, para lo cual pensó que la mejor solución era dedicarse a la magia negra. Con el tiempo, conoció a un maestro en la materia que le inició en dichas artes hasta que acabó convirtiéndose en su mejor discípulo, famoso por "especializarse" en sembrar el caos entre sus enemigos mediante unas salvajes granizadas que destrozaron por completo todas las tierras de sus parientes. Aunque esto le funcionó muy bien durante un tiempo, Thöpaga no tenía la conciencia tranquila puesto que era plenamente consciente de cómo funcionaba la ley del *karma* o ley de la compensación y sabía que, más tarde o más temprano, tendría que pagar por el sufrimiento que había provocado.

Después de cavilar angustiosamente sobre dicha cuestión, comprendió que, para quitarse esa deuda, tendría que conocer a un maestro que le pudiera quitar toda esa culpabilidad y liberarle de las repercusiones *kármicas* de sus malas acciones.

Como había oído hablar de Marpa, el traductor, como un lama iluminado, partió en su búsqueda para pedirle que le enseñara a compensar toda la muerte y destrucción que había provocado a cambio de su buena voluntad y su compromiso personal de dedicarse por completo a la búsqueda de la Verdad.

Marpa y su esposa Demema acogieron a Yetsun Thöpaga y Marpa le prometió darle instrucción espiritual – en su momento. Sin embargo, el lama demostró ser un maestro muy duro y empezó a trabajar en el antiguo brujo diciéndole que construyera una casa. Cuando ya casi estaba terminada, Marpa la inspeccionó y le dijo a su discípulo: "¡Maestro de las artes negras! Esto no sirve. Derríbala y devuelve todas las piedras al sitio de donde las cogiste".

Aunque apesadumbrado, Yetsun obedeció la orden de su maestro pero, apenas hubo terminado de recolocar las piedras que Marpa le ordenó: "Sigo necesitando una casa. Constrúyeme una que sea bien decente".

Una vez más, aunque cabizbajo y resignado, el antiguo brujo se puso manos a la obra y empezó a construir otra casa.

Sin embargo, cuando Marpa regresó para comprobar cómo iban los trabajos, le dijo: "¿Es que no sabes hacer nada bien? Todo eso está mal. ¡Tíralo todo y devuelve todas esas piedras al sitio de donde las cogiste!"

"Pero, Maestro, me sangran las manos y tengo la espalda llena de llagas de cargar con todas las piedras. No puedo seguir...".

"Pues tú verás. No te queda otra. Si quieres recibir mis enseñanzas, más te vale hacer lo que te digo. Puedes ir a ver a mi mujer para que te ponga salvia en las heridas de la espalda y, cuando haya terminado, tienes que construirme una casa que sirva para mí y para toda mi familia – nada de esas chabolas que has hecho hasta ahora".

Thöpaga estaba harto. "Este no es un maestro", pensó, "sino un sádico cruel que disfruta torturando a los demás; que me promete darme conocimiento pero que nunca me lo da. No pienso aguantar ni un momento más". Entonces le confesó toda su angustia a Demema, la esposa de Marpa, la cual le prometió ayudarle. Entonces, Thöpaga se marchó llevando consigo una carta falsificada de presentación para otro maestro, un antiguo discípulo de Marpa, que le enseñó a meditar. Sin embargo, no le confesó la falsificación de la carta hasta que el maestro se percató de que Thöpaga no progresaba en sus prácticas, momento en el que le dejó bien claro que tenía que regresar con Marpa el traductor ya que no existía mejor maestro que él.

Así lo hizo y, finalmente, Yetsun recibió la iniciación de Marpa. Pasados muchos años de enormes dificultades y austeridades, el antiguo artífice de la magia negra, ahora conocido ya como Milarepa (el que va vestido de algodón blanco), alcanzó por fin el estado de total iluminación. La cueva en la que meditó y donde subsistió tan solo a base de infusión de ortigas (razón de su tez verduzca que se puede contemplar en algunas pinturas) existe aún en la actualidad.

El mensaje que intenta transmitirnos este ejemplo es que el ser humano no tiene ni la más remota idea de cómo puede llegar a funcionar el misterio de Dios. El auténtico Maestro es el único capaz de evaluar los condicionamientos mentales del individuo y lo que hace falta para romperlos, para superarlos.

Cómo afrontar la crisis mundial

Con la práctica de la meditación, el *pranaiama* y demás técnicas espirituales se obtienen beneficios a nivel físico, mental, psicológico, psíquico y, por supuesto, espiritual. Son beneficios que se pueden sentir a muchos niveles. Patányali, el gran *yogui* que compiló los *Yoga sutras* y estructuró el *"yoga* de las ocho ramas", integró todas esas técnicas para que el individuo pueda obtener máximos beneficios. Por ejemplo, al hacer *pranaiama*, se equilibran todas las energías del cuerpo, el corazón recupera su ritmo normal, se reajusta la presión sanguínea y muchas cosas más.

El canto tiene también un efecto semejante en la mente. Cantar por la mañana y antes de ir a dormir aporta beneficios a todos los niveles. Cuando se realizan dichas prácticas con regularidad, se puede percibir cómo nos benefician en todos los aspectos. El canto es una técnica muy poderosa ya que invoca la energía que se encuentra atrapada en nuestro interior – el sonido perenne. Kabir, ese gran místico y ser iluminado, a veces era muy contundente con lo que decía porque siempre optaba por la verdad, por decir las cosas tal y como son en lugar de andarse por las ramas. Golpeaba con toda la fuerza allí donde el ego oponía mayor resistencia con el fin de rasgar el velo de la ignorancia. En un poema, dijo: "¡Escucha, sordo! ¿Es que no oyes el sonido eterno? ¡Escucha, ciego! ¿Es que no puedes ver la luz eterna?

¡Escucha, tonto! ¿Es que no ves que tu gran Amado está ahí, justo dentro de ti?"

Kabir opta por desafiar a la gente tratándoles de sordos, ciegos y tontos porque no oyen, no ven y no se dan cuenta de que justo en su propio interior tienen lo que andan buscando, y esa es la gran tragedia del ser humano. Krishna dice: "Despójate de ese velo y encuéntrate con tu Amado". El sonido perenne o místico eterno que resuena en nuestro interior es el rey de todos los sonidos, comparado con el cual, la música más hermosa que jamás haya existido en este mundo no es nada. Los *yoguis*, con sus técnicas de evolución, consiguen escuchar dicho sonido eterno y embriagador.

Todos los músicos de gran talento e inspiración han recibido parte de un regalo secreto pero ninguno el secreto en su totalidad. Imagínate que estás en una sala de conciertos que tiene una acústica espectacular. Pues si multiplicas esa maravilla por un número elevadísimo, te harás una mínima idea de cómo es el sonido divino que existe tanto dentro de ti como a tu alrededor.

La civilización europea se ha desarrollado principalmente para satisfacer los sentidos. A todos los grandes músicos de Europa se les ha considerado siempre una fuente de entretenimiento, tanto para el público en general como para la realeza, y han sido recompensados en concordancia, pero justamente esa especie de "degradación" materialista ha hecho de muchos genios unos seres tremendamente infelices porque nadie apreciaba realmente su música.

En cambio, en la India, siempre se ha considerado que la música es una práctica espiritual así como un medio de alcanzar la unión con la Conciencia suprema. Por lo general, en la India se considera que la música es una deidad. A Sarásvati, la diosa de la sabiduría, de la música y de las artes, siempre se la representa con una *vina* en la mano al igual que a Shiva siempre se le relaciona con su famoso tamborcillo llamado *dámaru*. Se considera que Shiva es el origen de la música suprema. En la India, todas las facetas del arte tales como la música, la poesía y las artesanías han ido evolucionando gracias a la sabiduría espiritual. Allí los músicos creían que todo el éxito que consiguieran no sería más que un camino hacia su iluminación. Sin embargo, ¿se ha parado alguna vez algún famoso músico europeo a plantearse qué es la iluminación? Esa es la auténtica tragedia cultural: que este maravilloso regalo de la naturaleza, este regalo que Dios nos ha dado, no se utiliza para comprender su auténtico significado.

Imaginaos que, arriba de una montaña, hay un ser que os da una escalera para que podáis uniros a él en la cima pero que vosotros no le prestáis atención a dicha escalera que os puede ayudar a ascender. Pues así es como me siento yo con respecto a la sociedad moderna ya que se le han dado muchísimos regalos pero, en cambio, sus componentes no se dan cuenta de que dichos regalos son señales, indicaciones y avisos secretos para que las personas resuelvan sus problemas y asciendan, y, en su lugar, sólo los perciben como invenciones o descubrimientos útiles. Por eso es por lo que hay que saber apreciar cómo se desarrollaron las cosas en la India tradicional.

Hay un cuentecillo que ilustra muy bien en qué consiste esa poderosa energía que es capaz de ver a Dios en cualquier criatura – y ese tipo de intensidad es lo que le falta al mundo hoy en día.

Érase una vez un gran ser que vivía en el bosque y se encargaba de cuidar de un pequeño templo. Tenía por costumbre cocinar todos los días unos platillos deliciosos que le ofrecía con gran devoción a la Deidad que se suponía que moraba en dicho templo y, una vez pasado un rato para que ésta hubiera podido "terminar de comer", se distribuían dichos alimentos entre todos los devotos en forma de *prasad* – alimentos bendecidos.

Un día el maestro estaba colocando primorosamente los alimentos una vez preparadas ya las verduras y el *roti*, el cual se acostumbra a untar con *gui* (mantequilla clarificada) no solo para que resulte más sabroso sino también para darle un toque de "pureza". Pero cuando ya lo tenía todo listo y se fue a por el *gui*, apareció un perro y se llevó todo el montón de panes que había preparado.

Lo que sucedió fue que el maestro salió corriendo detrás del perro gritándole: "¡Mi Dios, espera, espera! Déjame que te unte el *gui* en los *rotis*!". Después de una larga persecución a la carrera, el maestro cayó exhausto al suelo y, cuenta la leyenda, que Dios se le apareció en forma de ese perro y le dijo: "Estoy muy satisfecho con tu entrega y devoción, algo que nunca nadie ha demostrado antes".

Al alcanzar la cumbre de la devoción es cuando uno consigue "ver" realmente. Independientemente de la cultura en la que uno viva o del concepto que tenga de Dios, el ser humano siempre posee un concepto de un poder superior. Pues si se trata de crear un concepto de dicho poder, al que se puede llamar Dios, ¿por qué no hacer que sea un concepto lleno de belleza, que nos desborde de satisfacción y que nos sirva para llegar más alto? El regalo de poder ascender de muy distintas maneras se nos da de forma incondicional – absolutamente sin ningún tipo de condición – a pesar de lo cual, una y otra vez nos pasa por delante sin darnos cuenta de que se trata de un regalo que nos dan para ayudarnos a evolucionar.

Actualmente los políticos hablan mucho del calentamiento

global y de la pobreza en el mundo. Una amplia mayoría de la población es pobre y padece hambre. Sin embargo, todo ese sufrimiento, dolor y torturas que la gente se inflige entre sí por pura ignorancia constituyen algo completamente innecesario. Lo que quiero decir con esto es que la única manera de alcanzar la iluminación y de regresar a la edad dorada es eliminando la ignorancia. Sin embargo, mientras prevalezca la ignorancia, seguirá habiendo más explotación, lo cual engendra más egoísmo, lo cual produce más explotación, lo cual se traduce en un mayor sufrimiento y en más infelicidad. La única forma de que desaparezcan el ego y la explotación es eliminando la ignorancia y despojándonos de las etiquetas de rey, reina, primer ministro, presidente o de tal o cual cargo que nos autoimponemos.

Un hombre muy conocido me explicó que, aunque había amasado muchísimo dinero en la vida, se sentía vacío e infeliz. Al menos tuvo la suerte de darse cuenta de que su vacío era de carácter espiritual, lo cual le permitió cambiar y tomar conciencia de que solo conseguía considerarse realmente rico si se sentía lleno de plenitud espiritual. Pero ¿cuántos millonarios consiguen darse cuenta de que su infelicidad está vinculada a su pobreza espiritual?

Cuando afirmamos que somos tal cosa o tal otra, aparece en escena un ego gigantesco seguido de una inmensa fachada, lo cual va creando distancias cada vez más grande entre los unos y los otros. En cambio, si la gente siguiera las enseñanzas del Vedanta y dijera cosas como "Soy *Brahmán (aham brahmasmi)*, lo Supremo, el Absoluto – y tú también lo eres *(tat tvam así)*", ese tipo de afirmaciones solo puede surgir desde el nivel más puro. Cuando desde el nivel material – el nivel más básico humano – uno dice: "Soy tal o cual cosa", estamos creando un ego igual que un globo, lleno de aire, para el que basta con un alfiler para desinflarlo. El mundo tiene un ego muy hinchado y, cuando no nos damos cuenta de lo que realmente somos, la ignorancia nos produce una percepción completamente distorsionada de lo que existe y de quiénes somos.

La percepción es algo muy importante – cómo percibimos y discernimos las cosas. Cuando se tiene una percepción correcta ya no hay más problemas. Es como con los cálculos matemáticos – no se puede tener la razón y, al mismo tiempo, estar equivocado. Por tanto, cuando uno consigue que le salgan bien las cuentas, todo está bien.

El mundo atraviesa muchas crisis. La gente necesita aprender a dialogar, a establecer comunicación entre las culturas y los sistemas de creencias. Actualmente, el mundo es una aldea global – lo que sucede en cualquier parte del mundo se deja sentir en todas partes. Estamos expuestos al mundo y no hay escapatoria. Ni nos podemos esconder, ni nos podemos escapar. Estamos arrinconados. Aunque mucha gente del planeta es víctima de sus propios miedos, es necesario desarrollar debates y afrontar la verdad. Puede que uno lleve toda la vida creyendo en algo que, de repente, se demuestra que es falso, lo cual le deja en ridículo. Dado que la naturaleza de las cosas es cambiar, evolucionar y superar transiciones, tenemos que examinarlo y reevaluarlo todo continuamente.

Recientemente, en un artículo de la revista *Time*, se planteó la siguiente cuestión: "¿Es necesaria la religión?". Hasta hace poco, este era un tema del que nadie quería hablar pero, al parecer, ahora hay cierto interés por analizar nuestro sistema de creencias. Necesitamos desarrollar muchas nuevas definiciones y aclaraciones, incluido el concepto de Dios.

El mundo se encuentra en un momento crítico y, hasta ahora,

la gente ha evitado ciertos temas clave pero, en el futuro, no habrá más remedio que tratar de las distintas formas de comprender todo tipo de problemas humanos. En un debate abierto surgen muchas cuestiones. El Vedanta nos anima a preguntarnos: ¿Por qué estamos aquí? ¿Qué propósito tiene nuestra existencia? ¿Por qué hacemos lo que hacemos? Utilicemos nuestras facultades físicas para cavilar sobre estas cuestiones y preguntarnos: ¿Qué nos estamos haciendo actualmente los unos a los otros? ¿Qué es lo que queremos y por qué?

Para alcanzar una solución se debe plantear un debate universal en el que hace falta que participemos todos, no solo unos cuantos escogidos. Pero, mientras tanto, cada cual debe encontrar sus propias soluciones. Afrontad cualquier problema que tengáis antes de que nadie se vea en la obligación de planteároslo. Es mejor ser nuestro propio maestro que necesitar que alguien nos diga lo que tenemos que hacer. Debemos convertirnos en nuestros propios auténticos maestros en los campos en los que seamos capaces de aplicar los conocimientos. Los secretos y las fórmulas se nos dan para ayudarnos a ser autosuficientes. De hecho, dichos "secretos" son derechos humanos fundamentales, no elementos de trueque que se conservan con recelo para evitar perder dinero. En la espiritualidad no hay preocupaciones financieras ni dinero. Su única moneda de cambio es el amor y el cariño.

Cómo liberarnos de nuestra programación

Párate a pensar en esto: tú has creado tu propio cuerpo y mente, tus sentidos, tus conocimientos y sabiduría. Tú te has creado todo lo que tienes y lo que eres. Eres tu propio creador.

Desde este punto de vista, ¿qué papel desempeña Dios? Muchos son los sistemas de creencia que definen a Dios como omnipresente, omnisciente y omnipotente. ¿Tenemos también nosotros esas cualidades o son algo exclusivo de Dios? ¿Os imagináis lo que debe ser tenerlas? Por ejemplo, podemos visualizar que vemos a Shiva, Buda o Jesús. Si se manifestaran ante nosotros, ¿cómo reaccionaríamos o cómo interactuaríamos con ellos?

Es posible que de pequeños os enseñaran lo que hay que hacer cuando viene un invitado a casa, así que estáis programados para ofrecerle algo. Puede que eso os haga sentir refinados o civilizados pero lo cierto es que, simplemente, habéis sido programados así desde el momento en que nacisteis.

Desde ese momento, nos dicen que somos así o asá; nos dicen lo que tenemos que hacer y lo que no. Todo esto es la programación que recibimos de nuestros padres, de nuestra familia, de nuestro colegio, de los amigos y de nuestro entorno. Durante cierto tiempo queremos seguir dichas pautas, pero llega un momento en que lo que queremos es liberarnos de todo ello.

Pongamos por ejemplo la hipnosis o el mesmerismo. Se dice que, para que funcionen, el sujeto debe estar dispuesto a dejarse tratar mediante dichas técnicas. Ambos métodos son ya terapias establecidas para el tratamiento de problemas físicos y emocionales. El problema radica en que se pueden utilizar de forma incorrecta. Cuando damos nuestro consentimiento para que se nos controle y manipule, para que se nos utilice o incluso explote, para pensar de forma determinada o para creer y aceptar ciertos conceptos, lo que hacemos es entregar nuestra capacidad de discernir.

Todo esto también sucede a menudo en el mundo de las relaciones, cuando le otorgamos poder a otra persona. Puede suceder que dos personas se otorguen poder mutuamente hasta el punto de que se produzca un conflicto de voluntades en el que ambas partes luchan por controlar al otro y no está claro cuál de las dos saldrá ganando. De extenderse en el tiempo, puede convertirse en una lucha de por vida. Es un ensañamiento que le pone a uno muy nervioso, que se juega constantemente y en el que todo el mundo participa – es el gran juego de *maia*, lo ilusorio. Un vivo ejemplo de esta situación es el de la familia, en la que, mientras los hijos se alejan de cualquier discordia, los adultos profundizan en el sufrimiento.

Así es como la gente participa en un sinfín de juegos y quizás es que así tenga que ser al formar parte de un *lila* ya que, según el Vedanta, no hay que rechazar nada sino que todo se recicla y cambia de manera constante en una sucesión de formas y reformas, de fusiones, integraciones y desintegraciones.

Se nos ha regalado un planeta llamado Tierra y todo un cosmos pero, ¿qué estamos haciendo con dicho regalo? Podemos hacer algo bonito o feo con él. Aunque tengamos los más hermosos paisajes de bosques, lagos, desiertos y montañas, puede que encontremos la forma de destruir toda esa belleza con la fealdad de paneles publicitarios y demás sórdidos elementos que destrozan un precioso paisaje.

Además, ¿qué le estáis haciendo al cuerpo? El cuerpo físico representa nuestro planeta personal. ¿Cómo nos ocupamos de él? ¿Cómo lo cuidamos? Si aprendemos a utilizarlo para crecer interiormente, podemos conseguir cambios positivos. Es importante fijarnos en la conducta del ser humano. ¿A que sería precioso que la gente llamara a nuestra puerta para preguntarnos: "¿Qué puedo hacer hoy por ti?"? ¿A quién no le gusta ofrecer ayuda cuando se percata de que alguien necesita algo, o recibir consuelo cuando está deprimido? ¡Cuesta tan poco esfuerzo! ¿Por qué se es tan reacio a ser amable con los demás? ¿Por qué nos molesta serlo? ¿Qué nos hace sentirnos tan amargados? Tenemos que pararnos a pensar en esto, darnos cuenta de que es una conducta insana y arrancarlo de raíz antes de que nos cause males mayores, porque estamos permitiendo que las malas hierbas de la negatividad vayan creciendo dentro de nosotros, que se apoderen de nosotros y que destruyan las preciosas flores y se apoderen de nuestro jardín interior. El resultado es tristeza, depresión, angustia y sufrimiento.

Se nos da la opción de escoger. Somos libres de decidir cómo queremos que sea nuestro jardín. Eso es nuestro problema, no de Dios ni de nadie más. De nosotros depende la elección de forma de vida y de cómo afrontar nuestro destino. Puede que nos dediquemos a contaminar el cuerpo, la mente y nuestro planeta, pero la naturaleza tiene otras formas de afrontar todo eso y no nos conviene que sea la naturaleza la que se tenga que encargar de nuestro problema. Sin embargo, si somos completamente incapaces de gestionarlo por cuenta propia, ella misma se encargará, pero sus métodos son radicales – tan radicales que a nadie le apetecería realmente que ella interviniera.

Veamos un ejemplo de la manera que tiene la naturaleza de afrontar un problema. Digamos que tenemos un cuerpo que mide un metro ochenta, que ha sido explotado, contaminado y maltratado; un cuerpo lleno de enfermedades, dolores y sufrimiento; y con toda la negatividad que uno se pueda imaginar; un cuerpo que ha sido explotado y maltratado hasta tal límite que se encuentra al borde de la muerte. ¿Qué acabará pasando entonces? Que morirá prematuramente. Al final, ¿qué es lo que queda cuando sometemos al cuerpo a las extremas temperaturas de la cremación? Tan solo un montón de cenizas – un metro ochenta de cuerpo han quedado reducidos a tan solo dieciocho centímetros de polvo. Así es cómo se encarga de las cosas la naturaleza. En ese polvo estéril no hay contaminación alguna y, cuando lo dispersamos al viento, todo desaparece.

Cuanto más alta sea la temperatura, menor será la cantidad de sustancia. Si es la naturaleza la que tiene que encargarse de este planeta, puede acabar reduciéndolo a unos montoncitos de cenizas. Es la realidad. Es la fuerza de la naturaleza. Pero es una realidad inquietante en la que nos resulta desagradable pensar, tal y como se puede ver en los debates sobre el cambio climático y en el documental *An Inconvenient Truth*[5], un título, por cierto, muy apropiado. Nadie quiere saber la verdad. Como nos incomoda y nos hace sentir mal, la gente la evita. Por ejemplo, ya que cualquier cosa que se diga sobre los cambios medioambientales tiene un efecto negativo, no es un tema con muchos apoyos, y lo mismo suele suceder con la cuestión de las religiones y de Dios. Son temas, como el de la muerte, que la gente prefiere evitar. La

---

5 "Una verdad incómoda". N. del T.

sociedad suele no hablar de cosas que le resulten incómodas.

Como dije antes, la gente encarga a otras personas que le solucionen los problemas. Así es como se gobierna el mundo – otorgándose poderes los unos a los otros. ¿Cómo encontrar a la persona adecuada para darle poderes? Toma tú las riendas y desarrolla tu sabiduría. Toma conciencia de lo que sucede en tu mundo. Cumple con tu responsabilidad. Ármate de conocimiento para ser capaz de afrontar cualquier situación. El conocimiento es liberación – y la verdad también, pero la verdad te puede causar problemas en este mundo de *Maia*.

Lo triste es que hay veces en las que uno debe "disfrazar" y ocultar su propia verdad, sobre todo cuando resulta "incómoda". Es toda una tragedia tener que ocultar la verdad muchas veces y no poder compartir muchas cosas porque se burlarán de ti si dices claramente lo que sientes y piensas. Se reirán de ti y te ridiculizarán porque no te comprenden – o te censurarán y te castigarán.

A la gente le gusta encasillarlo todo y, cuando ya nos han metido en una casilla, resulta difícil salirse. La sociedad quiere que nos amoldemos a ella y quien no lo hace, lo tiene difícil. Por lo tanto, fijaos bien en qué "casilla" queréis meteros y leed bien lo que firmáis porque, de no hacerlo con precaución, os podéis meter en un gran lío. Este es un mundo de contradicciones y conflictos, pero es un mundo que se ha creado colectivamente, entre todos. Por lo tanto, no se le puede echar la culpa a nadie más que a uno mismo.

Puede que, a veces, uno quiera fingir ser lo que no es porque no quiere aceptarse a sí mismo. La gente necesita sentirse apoyada en todo lo que hace, a veces en forma de estereotipos, y se olvida de que lo que tiene que hacer es despojarse del equipaje que lleva. Nunca se podrá escalar una montaña y alcanzar la cima con todas nuestras pertenencias cargadas a la espalda – que son todas las cosas que hemos ido acumulando a lo largo de todas nuestras vidas. En el camino de la iluminación hay que volverse más ligero, no más pesado. Suelta lastre. Despójate de toda esa acumulación de apegos.

Kabir dice: "El camino a la casa de tu Amado es muy largo y estrecho". Si tan estrecho es, ¿cómo vas a poder transportar todas tus cosas? Lo que hace falta es ser "delgados" y estar en buena forma para poder avanzar por un sendero tan estrecho. Está, literalmente, en tus manos el discernir qué es lo que te conviene y qué representa un obstáculo para ti.

La naturaleza y los grandes seres nos han dado muchos conocimientos. ¡Pero el problema es que no se ponen lo suficientemente en práctica! No consideres a tu maestro un mago o un *showman*. Ocúpate más bien de llevar a la práctica sus enseñanzas.

Renovar la felicidad

Visualiza que hace un día de primavera maravilloso, con toda la naturaleza repleta de brotes verdes y llena de flores. Los pájaros cantan y todo reluce. Cantar es una forma de felicidad y, cuando se está feliz, no se le da importancia al tiempo. Se puede ser feliz en cualquier momento que se desee, de la misma manera que ser infeliz también está en nuestras manos. Fíjate con qué rapidez un simple pensamiento te puede hacer sentir realmente infeliz al acordarte de algo desagradable, de algún incidente o de alguna discusión con alguien. Un simple recuerdo del pasado nos puede hacer sentir muy infelices – y no es que haya precisamente escasez de momentos desagradables en el pasado. Sin embargo, de esa misma manera, la vida también está plagada de cosas que recordar que te harán sentir feliz. Cualquiera de los dos casos, sin embargo, no es más que un contexto mental y, en el fondo, nosotros somos los que decidimos sentirnos felices o infelices. Somos la suma total de todas nuestras impresiones del pasado hasta el momento presente. Somos el producto final. Todos y cada uno de nosotros somos el resultado de nuestro pasado. Es como nadar en aguas turbulentas – se puede ir contracorriente o dejarse llevar por ella. Es nuestra opción.

La primavera tiene tal variedad y belleza de aspectos que resulta difícil cansarse de ella. Aunque todas las estaciones sean especiales, la primavera es un auténtico regalo de la naturaleza.

Son muchos los regalos que se nos dan, pero ¿nos paramos a apreciar su belleza? ¿Hacemos buen uso de semejantes joyas que nos regalan? La vida, en sí misma, es un regalo grandioso. ¿Valoramos la vida? La vida se nos ha dado con un propósito determinado – aprender y mejorarnos, tanto a nosotros mismos como a nuestro entorno. Hay gente para los que este mundo es tan negativo y están tan centrados en la supremacía de la negatividad que desean no regresar a este mundo. Pero, entonces, se nos plantea esta pregunta: ¿Quién ha creado la negatividad? Existe una creación colectiva y otra individual. Es como si dijéramos que existen dos mundos. Uno de ellos se compone de caos, conflictos, fealdad y sufrimiento. Así es el mundo material en que luchamos. Sin embargo, hay otro mundo, lleno de belleza y alegría, de felicidad y paz, de plenitud y amor. Estos son los inagotables regalos de la vida, y se nos regalan ambos mundos.

En la *Bhágavad Guita*, Áryuna, al sentirse sumido en una crisis y un torbellino emocional, le pregunta a Krishna: "¿Qué nos diferencia a ti y a mi?"

Krishna le responde: "No mucho. A nivel físico somos muy parecidos pero la verdadera diferencia se descubre al mirar hacia dentro. Áryuna, yo veo y, al mismo tiempo, no miro; hablo y, al mismo tiempo, no digo nada. Sea lo que sea lo que haga en cualquier momento, en el fondo no hago nada". El Vedanta explica que el problema consiste en identificarnos con lo que hacemos, lo cual nos convierte en protagonistas de la acción. Pero, ¿habéis intentado descubrir quién es ese *yo* justo antes de decir: "Yo estoy haciendo tal cosa o tal otra"? ¿Es el cuerpo? ¿Es la mente, el ego o el intelecto, lo que realmente realiza la acción?

Recordad esto: cuando nos identificamos con lo que hacemos, también debemos hacernos responsables de las consecuencias. Sin embargo, cuando se tiene la capacidad de observar y comprender, de entender realmente, cualquier cosa que nos aporte la vida es un regalo. Cuando se vive en el mundo de la positividad; cuando nuestra mente no se ve afectada por la dualidad y somos capaces de conservar el control y el equilibrio internos; y cuando nada nos altera, es que somos capaces de percibir las cosas tal y como son y como deberían ser y, entonces, tenemos la felicidad a nuestro alcance en cualquier momento que deseemos. Un error muy corriente es creerse que, un día, llegaremos a ser felices porque habremos alcanzado determinados criterios – pero la realidad es otra.

La alegría y la felicidad no saben de "horarios" y les da igual si es de día o de noche. Cuando uno se programa para trabajarse con el fin de constituir una fuente de inspiración tanto propia como para los demás, las cosas empiezan a resultar mucho más fáciles. A veces me da la sensación de que necesito constituir una fuente constante de inspiración para la gente, como cuando un reloj de pared necesita que se le dé cuerda una vez por semana – aunque algunos necesitan que se les dé cuerda a diario o, incluso, cada hora (si están averiados).

Estaría muy bien poder ser fuente de inspiración para los demás a largo plazo. Todos tenemos energía dentro pero se nos olvida quién somos y de qué somos capaces. ¿Cómo nos podemos rejuvenecer? Estamos rodeados de señales maravillosas, de cosas como la primavera, que nos da la naturaleza para meditar en lo bonito y alegre de dicha estación. Constituye un auténtico símbolo de felicidad y de regocijo. Intentad alegraros por la llegada de la primavera y de la felicidad, no solo una vez al año sino en cualquier momento. Lo hermoso de la naturaleza es que no hace falta esperar a ser felices. Fijaos en el montón de distintas razones que hay para serlo, tanto fuera de nosotros como internamente.

Ser feliz en todo momento es una técnica que se aprende. La meditación es un proceso que consiste en sintonizarnos con nuestro auténtico Ser interior. Igual que sucede con un coche que necesita una puesta a punto, la gente también puede comportarse de forma caótica e impredecible. Sintonizad vuestro motor personal con vuestro auténtico Ser interior. Cuando la mente, el intelecto, los sentidos y los sentimientos funcionan en armonía, se equilibran también todas nuestras relaciones y ya no hay conflictos, dualidades ni negatividad. Solo se experimenta equilibrio, y eso será parte integrante de nuestro futuro, de la suma de todo lo que hemos conseguido.

Durante el periodo comprendido entre el nacimiento y los dieciséis años se forma la totalidad de nuestra personalidad aunque es evidente que en cualquier otro momento se pueden producir cambios porque somos libres de reprogramarnos. Sin embargo, para conseguir cambiar nuestra programación hay que ser un maestro, un *gñani*, un sabio. Esa "personalidad" entra a formar parte de nuestra información genética y dicho código es, a su vez, transferido a los hijos que se tengan. Cuando nos encontramos ante nuevas ideas, tanto positivas como negativas, el cerebro lo graba todo y esa información pasa a formar parte del puente de mando del cerebro. Por ejemplo, cuando estamos haciendo *pranaiama*, se le manda un mensaje al cerebro el cual, a su vez, distribuye la información entre los distintos órganos, que es donde se pueden cambiar cosas. Al ser un sistema muy complejo, el conocimiento y la sabiduría constituyen factores de gran importancia.

El mundo de *Maia* (lo ilusorio) nunca puede ser perfecto puesto que se compone de perfecciones e imperfecciones, de constantes fluctuaciones entre la negatividad y la positividad. Quien crea que un día el mundo será perfecto y, por tanto, él también lo será, que se vaya olvidando de esa idea porque nunca se hará realidad. Es la ley de la creación – hay periodos más placenteros y positivos mientras que otros no son tan buenos y, según la tradición védica, todo depende de qué *iuga*[6] está manifestando sus ciclos. Existe *Satia iuga* o era dorada de la Verdad, seguida de *Treta iuga*, *Duápara iuga* y, finalmente, *Kali iuga*, la era de la mecánica y la maquinaria, en la que abundan la negatividad y los conflictos. Una vez completado el ciclo completo de las cuatro eras, se dice que nuestra alma se libera y emancipa por completo.

En dicho contexto, cuando hablamos en términos de libertad total, ya no existe el condicionante del tiempo. El tiempo es un concepto limitado en el sentido físico pero, en el ámbito espiritual, no existe. Es como vivir en dos mundos paralelos – uno interior y otro fuera – pero simultáneos y con conocimiento de ambos.

Pero regresemos al ejemplo de la primavera. Es muy agradable deleitarse con su belleza. Pues, de forma similar, uno no se cansa de la espiritualidad. Como si se tratara de una primavera de la vida a nivel interior, la espiritualidad aporta una sensación primaveral de nacer a la vida, algo muy importante de cultivar. De todas formas, cada estación tiene sus cosas bonitas, sobre todo cuando uno está en sintonía, y se puede disfrutar de todo sin rechazar nada. Todo es un proceso de reciclaje en el que, cuando se rechaza algo, nos vuelve bajo una forma distinta porque no se desperdicia nada.

Todos y cada uno de nuestros pensamientos quedan grabados en el "registro *akáshico*". Puede que, algún día, la técnica para desarrollar el conocimiento esté tan avanzada que ya no se necesiten los ordenadores porque bastará con que uno se ponga

---

6 Ver capítulo 10 "El concepto del *Guru* y las fases del tiempo"

a meditar y sintonice con el registro que desee. Puede que un día abras el portátil… ¡pero, de momento, *Google* aún no tiene acceso al registro *akáshico*! Son preguntas que aún no alcanza a resolver ningún motor de búsqueda.

Mientras tanto, recordad que, en este planeta, todos somos aprendices de la vida, en continua formación, actualizando constantemente nuestros conocimientos y obligados a "pasar exámenes" y afrontar retos. Tened siempre presente cómo rendiremos cuentas de nosotros mismos el día que nos toque estar cara a cara con nuestro creador o nuestro auténtico Ser.

La verdadera titulación a obtener es el Conocimiento supremo, alcanzado el cual, todo lo demás está más claro que el agua y por fin la existencia está libre de cuestionamientos, confusión, dudas o tristeza. Cuando se llega a ese punto, ya no hay marcha atrás ni arrepentimientos.

Reciclaje de la vida

A veces la gente comenta que no están seguros de cómo se debe repetir el *mantra*, o de cómo cantar cantos devocionales u orar. La repetición o canto consta de tres etapas igualmente correctas:

1. Repetir el *mantra* en voz alta;
2. Repetirlo moviendo simplemente los labios y la lengua;
3. Repetirlo solo con la respiración.

Aunque cualquiera de los tres métodos es igualmente efectivo, cuando la mente está muy agitada resulta especialmente útil repetir el *mantra* concentrándonos en la respiración. No obstante, repetirlo en voz alta también es muy útil para tranquilizar la mente porque la repetición de ese sonido crea unas vibraciones mentales que activan la energía del *sahásrara chakra*, en la zona de la coronilla, la cual, a su vez, pone en funcionamiento otras energías por todo el cuerpo.

En la India cada cual es completamente libre de practicar la religión que quiera y de realizar cualquier ritual espiritual de acuerdo con sus creencias. Algunos son devotos de Shiva mientras que otros lo son de Krishna, Brahma, Durga, Hanumán... Hay una gran variedad de posibilidades.

También hay personas que no adoran ninguna forma sino

que prefieren enfocarse en un Dios sin forma, pero nadie tiene obligación alguna de seguir ninguna disciplina en particular sino que la devoción o adoración se realiza según el temperamento de cada cual y según su capacidad y manera de relacionarse con su objeto de devoción. Se disfruta de una gran libertad al igual que de una gran responsabilidad. Dichas energías se intentan utilizar para crecer interiormente y para desarrollar nuestra capacidad de comprensión.

Ejemplo: Pongamos que somos un devoto de Krishna y queremos alcanzar el estado de Conciencia de Krishna. ¿Cómo se puede conseguir? ¿Cómo ascender hasta dicho nivel? ¿Queremos hacer bajar a Krishna nuestro nivel o ascender nosotros al suyo? Existen distintos métodos y enfoques, uno de los cuales consiste en realizar *mánasa puya* o una adoración mental mediante la cual concentramos toda nuestra conciencia en la imagen de la deidad o de nuestro maestro y, de esta forma, establecemos una conexión con dicho Ser.

Un ejemplo muy mundano para aclarar este principio: cuando a alguien le gusta, por ejemplo, el té, le invitas a tomar uno y, con eso, estableces una conexión. Cuando quieres invitar a alguien, te fijas en lo que le gusta. Hay devotos de Krishna que, al sentarse a meditar, dibujan mentalmente una imagen para poder visualizarlo delante de ellos. En una etapa posterior, la *mánasa puya* consiste en:

- visualizar que le lavas con agua los pies a Krishna;
- hacerle una ofrenda de flores y frutas;
- untarle un poco de *chandan* en los empeines;
- concluir la puya haciendo *árati*.

Finalmente, la persona suele pedir bendiciones al tiempo que se entrega a Krishna en cuerpo y mente.

Utilizar la *mánasa puya* – ceremonia mental – para pedirle a Krishna que se manifieste en nuestra vida resulta bastante fácil porque hacemos algo, porque participamos de forma activa. Sin embargo, cuando no se hace nada, resulta mucho más difícil. Por eso conviene mantener la mente ocupada con algún tipo de interacción y, una vez establecido ese hábito, la meditación resulta fácil.

La meditación más fácil y más eficaz es cuando se tiene la gran fortuna de conocer a un/a maestro/a vivo/a porque ya no hace falta crear mentalmente esa escena – Él/Ella ya está ahí. Entonces solo tenemos que reproducir posteriormente lo que hemos experimentado en su presencia. Esa es la forma más fácil de meditación. Es muy eficaz y se puede realizar en cualquier momento.

Y, cuando reproducimos mentalmente todo eso, ¿qué sucede entonces? ¿Se trata simplemente de una fantasía mental? Os voy a explicar de nuevo este principio. Pongamos por caso que recordamos algún incidente que hayamos tenido en la vida y nos viene un pensamiento desagradable. Eso hace que, en un instante, nos sintamos muy enfadados. Entonces recordamos y reproducimos la situación mentalmente y quizás pensemos que deberíamos haber actuado o reaccionado de otra manera, o que tal persona se portó muy mal con nosotros, nos insultó o nos criticó de forma injusta. Sea como fuere, el caso es que, en un instante, se apodera de nosotros una sensación muy intensa e incluso hasta el cuerpo reacciona subiendo la tensión arterial, poniéndonos tensos, acelerando el pulso y la respiración... el cuerpo entero se ve afectado.

Pues según ese mismo principio, cuando reproducimos en nuestra mente los aspectos bonitos y placenteros de lo que hemos experimentado en nuestra vida, es inevitable que surjan pensamientos, sensaciones y vibraciones positivas que harán que nos sintamos maravillosamente bien.

Mucha gente pregunta cómo se puede ser feliz. Lo cierto es que es muy fácil ser feliz, porque todo el mundo ha experimentado momentos y acontecimientos felices en la vida. De nosotros depende recordarlos y reproducirlos en nuestra mente. Son situaciones que podemos revivir mentalmente y, cuando lo hagamos, nos percataremos también de los resultados. Sin embargo, incluso cuando nos estemos concentrando en los aspectos felices, hermosos y positivos de nuestra vida, puede que se nos infiltren momentos de negatividad, porque también forman parte de la vida. En ese caso, tenemos que aprender a evitar esas trampas y mantenernos enfocados en nuestro sendero de felicidad.

Lo que quiero decir con todo esto es que la vida está llena de respuestas y puede ser nuestra maestra, pero somos nosotros los que tenemos que descubrir sus enseñanzas. Se parece un poco a caminar por el bosque y aprender a coger las setas buenas y evitar las venenosas y no comestibles. No todo lo "vegetal" resulta sano. Eso es algo que tenemos que aprender.

También existe una manera de reconsiderar los momentos pasados de nuestra vida con el fin de aprender a reciclar las experiencias desagradables que hayamos tenido. ¿Qué fue lo que nos pareció malo y lo que nos pareció bueno? De hecho, aunque algo nos parezca negativo, puede resultarnos de gran ayuda. ¿Cómo podemos "reciclar" la mente para poder sacarle provecho a dichas experiencias? Todos y cada uno de los acontecimientos de nuestra vida constituyen una oportunidad para observarnos tanto a nosotros mismos como a la situación en cuestión y a la o las otras personas que también estén involucradas. ¿Por qué nos ha sucedido esto y cómo puede beneficiarnos o enriquecer nuestra vida? Quedarnos atascados en un incidente en particular puede impedirnos seguir avanzando.

Todas las experiencias del pasado deben servirnos para acumular sabiduría. Debemos aprender a desprendernos de nuestras antipatías, de nuestros pensamientos y sentimientos negativos para, a su vez, aprender a fijarnos en los beneficios que nos aportan nuestras experiencias. Debemos aprender a llevar el libro de cuentas de nuestra vida; a hacerle balance; a determinar los costes y los beneficios de todas nuestras experiencias.

Pongamos el ejemplo del encargado de una fábrica. Tiene que hacer una lista de todos los costes que conlleva la gestión de su empresa así como otra de los beneficios que pueda obtener. Si los costes superan los beneficios, lógicamente sopesará con cautela seguir, o no, adelante con el negocio.

Sin embargo, una excepción que podría justificar las posibles pérdidas sería que todo su esfuerzo sea para alcanzar una meta más alta. Actualmente no es nada fácil mantener vivas tradiciones basadas en razones humanitarias y espirituales. Sin embargo, hay ocasiones en que no nos queda más remedio que hacerlo por un bien mayor, en cuyo caso no se pueden aplicar realmente factores como los costes y los beneficios.

Otro aspecto a tener en cuenta es el libro de cuentas de nuestros objetivos espirituales. ¿En qué nos beneficia establecer un vínculo con un maestro espiritual y qué gasto nos supone? (hacer *seva*; liberarse de malos hábitos tanto físicos como mentales; controlar y equilibrar nuestras emociones; entregar el ego). Conviene que actualicemos dicho libro de cuentas.

Esencialmente, todo se reduce a cómo sacarle partido a nuestros propios recursos, de los que ya disponemos aunque sin ser conscientes de hasta qué punto abundan. Debemos tomar conciencia de ese regalo que tenemos. Si no nos esforzamos por descubrir el verdadero regalo que ya tenemos justo aquí dentro, ¿cómo nos vamos a poder dar cuenta de lo que poseemos? Tenemos totalmente a nuestro alcance justo lo que necesitamos pero lo que hacemos es negarnos un regalo que ya es nuestro de por sí.

Gracias a las prácticas espirituales, conseguimos ponernos en sintonía, llegar a comprendernos a nosotros mismos y sacarle provecho a este proceso de reciclaje.

La cultura olvidada

En los Vedas se describen nueve tipos de *bhakti*, entre los que se encuentran *kírtanam* – enfocar la mente en el Ser supremo – y *asmaranam* – recordar. Este último se refiere al hecho de recordar algo que hemos olvidado, que hemos perdido. Es mucho lo que hemos perdido y, además, solemos tener una memoria muy selectiva. Nos acordamos de lo que nos resulta agradable, de lo que nos hace sentir bien y de lo que nos resulta fácil. Nos dejamos llevar por lo que prevalece. Todo el mundo come, duerme, camina, habla y afronta la vida diaria siguiendo las pautas de la cultura en la que se ha criado. En el mundo hay muchas culturas, muchos países, con variadas costumbres, prácticas y conductas.

La vida es mucho más rica de lo que prevalece en nuestra propia cultura. Estamos condicionados por la cultura establecida que nos rodea y, desgraciadamente, nos hemos olvidado de la cultura espiritual, la cual constituye nuestra auténtica naturaleza. Nuestro cuerpo físico no forma parte de ninguna cultura ni país en particular sino que pertenece a los cinco elementos de la naturaleza que lo componen.

Nuestra verdadera naturaleza es distinta de lo que nosotros percibimos en base a lo que hemos aprendido. Por regla general, casi siempre nos identificamos con la mente externa, la que nos expone al mundo de ahí fuera, el de nuestro entorno mientras que carecemos del vínculo que nos ayuda a profundizar más en nuestro interior, en nuestro origen, en nuestro verdadero Ser.

Por otro lado, también hay gente que lleva años metida en prácticas espirituales pero cuya conducta no se corresponde con ellas. Entonces, se plantea una cuestión de sinceridad. ¿Somos auténticos meditadores y buscadores o fingimos meditar y seguir una disciplina espiritual? Si seguimos nuestro camino con sinceridad, de forma natural nos llegarán los beneficios de nuestros esfuerzos porque la verdadera espiritualidad no puede existir sin sinceridad. Vivir una fantasía de que se es "espiritual" puede prolongarse muchos años e incluso vidas. Es como el ejemplo de un ciego que se pierde dentro de un gran edificio en el que solo hay una salida y, cada vez que llega a ella, se le olvida tocarla y, por lo tanto, no consigue salir nunca de ahí.

Se trata de un ejemplo muy sencillo. Es posible que se nos pase la salida. Eso es lo que distingue al auténtico seguidor del camino del que tan solo proclama serlo. La primera pregunta es: ¿Hasta qué punto soy sincero? La dedicación es un paso posterior. Debemos aprender a discernir entre cursos e información, y las auténticas prácticas y experiencias espirituales. Los grandes *yoguis* y maestros han conseguido alcanzar sus elevados estados de evolución a base de mucho esfuerzo, disciplina y superación de dificultades. Sin embargo, hay gente que proclama haberse iluminado en un solo instante. Si eso fuera verdad, sería como burlarse de la *sádhana* y *tapasia* de los *yoguis* de la auténtica y eterna tradición.

Después de la siembra, la semilla tiene que romperse para poder crecer y, al fusionarse con la tierra, inicia su propia existencia hasta que se une con los elementos. Entonces se produce una "explosión", una transformación, y lo que antes era una semilla empieza a crecer cada día, se convierte en un planta y, con el tiempo, alcanza a ser un gran árbol el cual, a su vez, crea millones de otras semillas que contienen toda su información, toda su energía vital, toda su fuerza vital.

La semilla es como el ego, el cual tiene que fundirse con la totalidad, transformarse y desaparecer por completo, para lo cual es necesario que nos desprendamos de pensamientos del tipo: "Soy tal cosa o tal otra". Pero esta pequeña semilla que constituye el ego nunca se identificará con nuestro verdadero Ser mientras sigamos identificándonos con el *yivatman*, lo cual nos impide alcanzar el *paramatman*. Nos debemos plantear preguntas como: ¿Quién soy? ¿Qué soy? ¿Por qué estoy aquí? ¿De dónde vengo y hacia dónde voy? Son muchas las preguntas que nos tenemos que plantear y para las que debemos encontrar respuesta. ¿Cumplimos ya con este requisito para convertirnos en el *paramatman*? Obviamente, se nos entrega también la llave para abrir la puerta que conduce a la resolución del misterio de la vida, donde se nos recuerda quiénes somos. Todo este proceso es como si se tratase de una metamorfosis de la mente y de nuestra existencia – un proceso integral de renovación. Hay *yoguis* que se retiran unos meses – o años – a los Himalayas y regresan jóvenes, hermosos, completamente renovados. Necesitamos una renovación completa de nuestra existencia, una transformación del alma a través de un proceso ininterrumpido. Nuestra tarea consiste en sacarle el máximo provecho al regalo que se nos ha dado. Esta es la cultura espiritual olvidada que debemos revivir y con la que debemos reconectar.

Es conveniente hacer una celebración del conocimiento, de la vida y de la energía. Las cosas vienen y van, y la vida avanza a su propio ritmo. La vida está plagada de misterios. La vida es un periplo arrebatador lleno de dicha y felicidad; nunca es algo aburrido. La oscuridad no es más que la ausencia de luz.

No permitas que la oscuridad y la infelicidad penetren en tu vida. Las circunstancias siempre cambian – así es la vida. Lo que importa es no quedarnos atrapados en ninguna situación que se nos presente, no convertirnos en su víctima. Nosotros tenemos el control de la situación, somos los que tenemos el mando. Tenemos la capacidad de establecer el rumbo de nuestra vida, de nuestra existencia. Una vez dijo un místico del Punjab llamado Bhulleshah: "Yo no sabía que yo era el velo ni que yo había creado mi propia separación".

Somos nosotros los que creamos historias e imágenes mentales que nos pueden hacer muy infelices y, cuando nos damos cuenta de que todo eso no es más que un reflejo de nuestros problemas, nos enfadamos por ser tan tontos. No desarrolléis fobias que no tengan nada que ver con la realidad, porque solo aumentarán vuestro sufrimiento. La mente, por naturaleza, no para de crear cosas. Se parece a un mono que no sabe estar quieto en un sitio, que necesita estar en constante movimiento. Pero no somos esa mente que parece un mono, ni tampoco somos los deseos. Todo eso es nuestro ejército, nuestras fuerzas, pero nosotros somos el comandante, que es el que debe marcar el rumbo de la vida. Cuando conseguimos comprenderlo, todo se vuelve maravilloso. Eso es lo que tiene de interesante y fascinante el periplo de la vida. La mente se compone de tres elementos: *sattva*, *rayas* y *tamas*. El haber escogido a la mente como líder es una consecuencia de la política de nuestro cuerpo pero, ya que la naturaleza de la mente es hacer cosas, ¿por qué no ponerla a hacer algo positivo?

Ha llegado el momento de desprendernos de toda nuestra negatividad, de liberarnos de nuestros sentidos, de nuestras inseguridades y miedos que llevan tanto tiempo sometiéndonos como a un prisionero. Libérate de las ataduras de tus propias creaciones y rejuvenece la mente para poder disfrutar de la absoluta libertad de tu alma, puesto que eres ilimitado.

Esencialmente, el conocimiento es la más potente herramienta de liberación que existe. Al igual que el fuego, reduce a cenizas cualquier obstáculo.

Cómo encontrar nuestro medio de expresion

La letra de un precioso *bhayan* dice: *Mi Guru ha prendido la mecha en mi interior y está disipando la oscuridad de mi corazón. Ha encendido dentro de mí la luz que ilumina mi corazón y mi alma.*

Cuando nos organizamos la mente y hacemos que funcione en armonía, se prende la llama del pensamiento y las emociones, lo cual tiene maravillosos resultados. Mientras esté dispersa, desorganizada y confusa, habrá problemas. Es cuestión de sintonizarnos. Cuando conseguimos conectarnos con las vibraciones del *Guru*, se prende la vela de nuestra luz interior y desaparece la oscuridad de nuestro corazón, momento a partir del cual todo fluye y conseguimos darle expresión a dicha luz. Es un proceso automático.

Es una tristeza que la gente haya sido programada para inhibirse. Desde la infancia, el ser humano aprende a inhibirse: inhibir sus pensamientos, sus sentimientos y todo su maravilloso talento. En cambio, mientras tanto, nuestra alma no cesa de llorar y gritar en un intento por expresarse en libertad. Se siente desesperada por expresarse. Tenemos que encontrar un punto intermedio adecuado así como las herramientas apropiadas para expresarnos y manifestarnos de una manera que nos permita ascender. Los niños, por ejemplo, pueden aprender a pintar, lo cual les ayuda a expresar su visión del mundo, que suele ser muy distinta de la de los adultos.

La música constituye otro medio perfecto para expresarnos. Es una de las herramientas mejores y más poderosas que posee el ser humano para evolucionar. Muchos maestros espirituales se han servido de ella combinándola con la poesía, los cantos y la danza. *Tándava* es la famosa danza con la que Shiva crea el universo, cuya figura, sosteniendo el *damaru* o tamborcillo con una mano, es una imagen de todos conocida. Se dice que fue así como creó los catorce sonidos que constituyen la base del primer lenguaje del universo – *Brahmi*, el nombre original del sánscrito – mucho antes de que surgieran todas las demás lenguas.

El sonido forma parte de la Totalidad, razón por la cual nos podemos expresar mediante el sonido, mediante la música. La música nos aporta inspiración. Es como cuando se abren los nenúfares con los primeros rayos del sol de la mañana. La música nos permite unirnos al coro colectivo del universo, lo cual ejerce un efecto mágico en la mente. La música constituye una maravillosa herramienta para refinar las emociones y alcanzar la iluminación. Todo el alma asciende a altas esferas con el ritmo de la música.

Sea cual sea la manera que escojamos, es muy importante que nos expresemos libremente. Cuando a alguien se le obliga a contenerse, se le acumulan bloqueos que le hacen infeliz. Sin embargo, cuando uno es capaz de expresar libremente sus pensamientos, sentimientos o habilidades, alcanza una increíble sensación de liviandad y se siente tremendamente feliz al dejar que todo fluya hacia fuera, sin acumular bloqueos. Sin duda alguna, cuando se comienza algo como fruto del cariño espontáneo, todo se expande.

La melodía de la vida puede sanarnos y ayudarnos a constituir una forma de expresión de la dicha mediante la cual conseguimos tener la experiencia del "sonido eterno" – una experiencia que aporta armonía entre los sentidos y los sentimientos. Las emociones son nuestra fuerza más potente, comparable a una inundación capaz de destruir barriadas enteras. Sin embargo, del mismo modo que esa misma agua también puede ser fuente de vida, podemos servirnos de nuestras emociones para que nuestra vida florezca en una primavera de felicidad y de risas – otro sonido mediante el cual se comunica con nosotros nuestro Ser interior. Resulta maravilloso experimentar lo "incomprensible", lo que no se puede captar con nuestras facultades corrientes.

El reto consiste en permitirnos que surja esta experiencia, que viva y reverbere en nosotros. Podemos escoger entre ahogarnos en nuestra propia experiencia o en flotar, de tal forma que esa imponente energía, esa descomunal fuerza emocional, nos conduzca a la plenitud. Ahí es donde un *mantra* nos puede ayudar a invocar esa energía interior, a exteriorizar toda esa energía acumulada y reprimida. Ni que decir tiene que todo ello se debe realizar con mesura, ya que los excesos también pueden aportarnos problemas. Por ejemplo, cuando se tiene un éxito inesperado, el ego puede apoderarse de nosotros y agrandarse incluso más que el éxito mismo, lo cual puede perjudicarnos en gran medida. Son muchas las personas que se han destrozado la vida por ser incapaces de controlarse el ego. El ego no es malo – es una fuerza, una energía que, cuando se transforma en determinación, puede aportar muchos éxitos, algo a lo que pueden ayudar la humildad y el cariño.

Cada tanto aparece alguien anunciando que se acerca el fin del mundo. Bueno, quizá sea verdad pero, en el último momento, nos dan una "prórroga" y, entonces, uno se pregunta: ¿cuántas prórrogas llevamos ya? Es evidente que hay algo que seguimos sin aprender. En la India hay un proverbio que dice: "Cada vez que nace un niño es una señal de que Dios aún no ha dado a la humanidad por perdida". ¡Pues son tantas las "prórrogas" que nos han dado ya que, realmente, es para celebrarlo!

Si nos fijamos en lo que la gente le hace el planeta, al clima, al medio ambiente y a las demás personas, ni duda cabe que es más que suficiente para que se destruya el mundo. Por lo tanto, pensemos que también es un regalo que el Creador tenga tanta paciencia, tolerancia y cariño por sus malvadas criaturas como para seguirnos dando oportunidades. Cuando uno tiene un hijo y se convierte en padre/madre, comprende lo que es la tolerancia. Puede que les critiques muchas cosas a los demás pero, cuando se trata de tu propio hijo, el nivel de tolerancia es impresionante. Somos capaces de amar y de tolerar todas las tonterías que haga por el hecho de ser nuestro/a propio/a hijo/a.

La cuestión es que *somos capaces* de tener paciencia. Pongamos por ejemplo una relación íntima – puede que uno gruña y se queje de todo tipo de cosas pero, por encima de todo, lo que sabes es que quieres a esa persona y que eres capaz de dejar de lado todas tus críticas y todo lo que te irrite. Es impresionante la capacidad de soportar que podemos llegar a tener. Por regla general, ni nos imaginamos lo capaces de soportar cosas que llegamos a ser – pero lo cierto es que lo somos.

La vida tiene todas las características para ser disfrutada y no hay razón alguna para que no lo consigamos. Hagamos que la crisis se ponga a nuestro favor. Es una habilidad que se desarrolla cuando uno aprende a ver las crisis como una oportunidad. Lo que hay que hacer es empezar por identificar, con exactitud y paso a paso, la situación en la que nos encontramos:

- En primer lugar, debemos reconocer que tenemos un problema, ya sea físico, mental o emocional, y hallar cuál es la causa.

- En segundo lugar, nos debemos preguntar: ¿Por qué tengo este problema?

- En tercero, nos debemos plantear: ¿Qué puedo hacer para resolverlo?

- Y, finalmente: ¿Qué tratamiento me conviene y cómo lo puedo aplicar?

Si empezamos por negar que el problema existe, nunca desaparecerá. El primer paso para abordar un problema de raíz es reconocer y aceptar que existe y, con el tiempo, eso evitará que nos domine la crisis en cuestión. No hay problema que no tenga solución. De hecho, la solución ya existe antes de que el problema se manifieste. La dificultad, una vez más, radica en no querer reconocer ni aceptar este hecho.

Túlsidas dice: "En este mundo tenemos de todo. Los desgraciados son los únicos que no reciben nada". Por lo tanto, debemos esforzarnos por estar entre los agraciados y quedarnos con lo que es nuestro. Da igual cuánto tiempo vivamos si no disfrutamos de una buena calidad de vida. ¿Qué sentido tiene? Debemos plantearnos qué calidad de vida tenemos y hasta qué punto nos satisface.

Analicemos lo que hemos hecho con nuestra vida. Tenemos la capacidad de aportar suficiente luz como para eliminar toda la oscuridad. Hay muchas razones para ser felices. Cada día tenemos la oportunidad de escoger ser felices. Aprendamos a crear nuestra propia felicidad, nuestro propio cielo. Todo está en nuestras manos.

Disfrutemos de la belleza

Hay días que son perfectos para meditar. Por ejemplo, podemos visualizar que estamos en el campo, quizás a la orilla de un lago, donde podemos integrar en la mente y en nuestros sentidos muchos de los hermosos elementos de dicho entorno natural. Fíjate en la calidad del aire y del agua; la inmensidad del cielo; la calidez del sol; quizás corre una agradable brisa que mece las ramas de los árboles y se oye el alegre canto de los pájaros. Piensa entonces en la cantidad de belleza que se nos ofrece a los seres humanos – mucho más de lo que jamás nos podamos merecer – toda esa cantidad de regalos que nos aporta la Madre Naturaleza y el Creador. Sin embargo, es como si el ser humano se empeñara en ser desagradecido, quejumbroso, exigente y en sentirse infeliz, de mal humor y deprimido. Es como si hubiera algo en el ser humano que no acaba de funcionar bien.

Cuenta una historia que el Creador, después de crear todos los mundos y las distintas criaturas, con el fin de mantener un control de calidad, decidió crear también al crítico, el cual tiene por costumbre encontrarle fallos a casi todo. Finalmente, el Creador creó al ser humano, al cual consideró su gran obra de arte, y se lo enseñó al crítico, el cual, después de mirárselo bien varias veces desde todos los ángulos posibles, ensimismado en sus pensamientos, dictaminó finalmente que el ser humano constituía una criatura realmente excepcional pero que resultaba imposible determinar lo que contenía en su interior. "No tiene ventana", dijo el crítico. "No consigo ver lo que se cuece dentro de la mente humana".

El caso es que el crítico tenía razón. La mente es demasiado completa y, desgraciadamente, no suele ser sincera. Hay gente que llega y se deshace en promesas de que quieren servirte; de que quieren aprender y mejorar; de que se quieren dedicar por completo a servir al *guru*... y un sinfín de cosas más. Pero en cuanto aparece el más mínimo problema, todos esos sentimientos y toda esa devoción saltan por los aires. La pregunta que se plantea es: ¿Qué queremos decir cuando proclamamos todo eso? ¿Qué es lo que se nos pasa por la mente cuando nos ofrecemos de esa manera? ¿Buscamos algún tipo de gratificación temporal o es para impresionar a los demás? ¿Hasta qué punto no son todas esas intenciones fruto de nuestro ego? Ser emocional no es tener devoción.

Suena muy bien la expresión "Te quiero". Es bonito tanto escucharla como decirla. ¿Qué es lo que nos empuja a pronunciarla? Se dice que los hechos hablan por sí mismos. Pues entonces, ¿por qué no hacemos algo en lugar de decir frases tan grandilocuentes?

Esto es un aspecto muy complejo de la psicología humana, tanto que no conseguimos comprender nuestros propios deseos; lo que nos gusta y lo que no; lo que queremos; lo que nos encanta y lo que detestamos; y, sin embargo, seguimos participando de ese juego tan sutil – lo que se llama el juego de *Maia*, de lo ilusorio. Es como un juego de niños que consiste en crear cosas y destruirlas.

El problema radica en que no avanzamos sino que conservamos los mismos pensamientos y actitudes. Cuando dos personas se conocen desde hace treinta o cuarenta años, lo lógico sería que estuvieran muy unidos, que el tiempo incrementara el cariño mutuo y les aportara una sensación de plenitud y sintonía. Pero lo sorprendente es que eso no suele suceder sino que lo que aumenta es el resentimiento, la frustración, las peleas y las discusiones hasta el punto de acabar ignorándose mutuamente y separándose. Por lo tanto, los conceptos de conocer a alguien desde hace mucho y el de profundizar la relación no siempre van a la par. Es una relación empobrecida. Se supone que nos volvemos más sabios con la edad porque los años nos enseñan muchas lecciones importantes. Sin embargo, da la sensación de que una cosa es cómo se supone que tendrían que ser las cosas y otra muy distinta lo que realmente sucede.

Todas las criaturas están en constante evolución, tanto a nivel físico como emocional, psíquico y espiritual, y se supone que todas deberían alcanzar una cierta plenitud. El Vedanta dice: "El conocimiento es claro como el agua. El conocimiento es la herramienta, la clave que se debe aplicar en cualquier situación". Cuando se presente la oportunidad, experimenta con el conocimiento y sé tu propio maestro y guía. Tú eres quien mejor te conoce. En cambio, cuando es otra persona la que nos dirige, critica o da instrucciones, tendemos a ponernos a la defensiva y a actuar con resentimiento. Sin embargo, cuando nos observamos a nosotros mismos con objetividad, podemos verlo todo tal y como es – y comprendemos hacia dónde vamos y cuánto hemos avanzado.

Es realmente importante que acumulemos conocimiento. El sabio siempre se sirve del conocimiento. Solo el necio se dedica a chismorrear, gandulear y a practicar otros vicios. ¡En lugar de estas cosas, vamos a crear y a acumular nuestra propia energía espiritual!

Kabir dice: "¿De qué me sirven las sustancias que embriagan? Yo ya llevo dentro de mí mi propia embriaguez". Vamos a desarrollar nuestra propia y genuina embriaguez espiritual, es decir, el auténtico éxtasis a través del cual podemos contemplar y conectarnos con toda la creación. Los *yoguis* afirman que, en nuestro interior, existe una música eterna que nunca se interrumpe. ¡Pues vamos a escucharla! ¡Vamos a escuchar ese néctar eterno que fluye a través nuestro!

Es una lástima que el ser humano no suela valorar lo que recibe con facilidad. Cuando dos personas se conocen desde hace tiempo, deberían tener un vínculo que les enriqueciera, que les ayudara a crecer interiormente y les aportara plenitud. Sin embargo, la realidad parece demostrar justo lo contrario. ¿Por qué sucede esto? Nuestras relaciones deberían ser cada vez mejores y más fructíferas, ya se trate de una interacción mundana o de una espiritual. Conviene que nos preguntemos: "¿Por qué se vino abajo mi relación?" Debemos preguntarnos por qué nuestra relación ha ido perdiendo sentido y propósito con el tiempo. "¿Por qué esta relación no me aporta plenitud y satisfacción?" Debemos hacer autoexamen y, si vemos que algo nos está bloqueando, debemos deshacernos de ello, con lo que conseguiremos que las cosas vuelvan a fluir de nuevo. Se supone que las relaciones que desarrollamos en nuestra vida son nuestra *sádhana* y son como flores, que brotan, florecen y nos aportan inspiración para evolucionar y, a la larga, nos llevan a la iluminación.

Fijaos en la suerte que tenemos los seres humanos. No solo nos ha proporcionado el Creador todo tipo de facilidades y toda la belleza de la naturaleza sino que, además, nos ha dado también la oportunidad de conocer a seres superiores y a grandes maestros que nos pueden guiar, instruir y conducir a la cima más elevada. Esto es un regalo de la Madre Naturaleza que jamás le podremos retribuir y debemos estarle eternamente agradecidos. Es un regalo, no es algo que podamos reclamar como derecho propio. Es un privilegio. Es una muestra de su compasión.

Ese tipo de seres solo vienen a este mundo por compasión. En cambio, el ser humano es tan cuadriculado que lo único que hace, una y otra vez, es intentar atraerlos a su propio nivel de mediocridad. En ocasiones hay fuerzas destructivas tales como el chismorreo y la crítica y, en toda la historia de la humanidad, no hay ni un solo ser superior que se haya librado de ellas. Casos como los de Buda o Jesucristo, o los de muchos otros seres superiores, son ejemplos de cómo fueron la diana de mentes humanas corruptas malintencionadas o traicioneras y, además, cuando se ha puesto a prueba a los discípulos y seguidores que tenían bien claro quién y qué representaba su maestro, negaron tener ningún vínculo con él y desaparecieron del mapa. De todos es sabido cómo los discípulos abandonaron a Jesús cuando los necesitó.

No cabe duda alguna de que un maestro puede afrontar por sí solo tanto el mundo como la gente que lo habita pero, cuando llega el momento de aportarle nuestro apoyo, o de mantener nuestras convicciones, ¿cuántos les seremos fieles?

Otra buena ilustración del miedo y la cobardía de los discípulos lo constituye el caso de aquel místico iraní que fue asesinado a pedradas por las cosas que decía desde su estado de iluminación. Mientras las piedras iban golpeándole el cuerpo, el maestro no hacía más que reír. Sin embargo, cuando su principal discípulo cogió una flor y se la lanzó, el maestro se echó a llorar porque la flor de un discípulo cercano le dolió más que todas las piedras que le lanzaba la multitud.

Cuando no hacemos caso a la verdad a pesar de saber cuál es, se nos presenta un problema. Por eso, siempre digo: cuando tengas un problema con alguien, habla directamente con esa persona pero no con un tercero. Si tienes un problema con tu *guru*, coméntaselo. La gente suele hablar con la gente equivocada en lugar de con la persona implicada, pero así no solo no se puede resolver ningún problema sino que se incrementa, lo cual, en algunas ocasiones, puede traducirse en una catástrofe.

Otro incidente hace referencia a los viajes de Buda con su discípulo Ánanda. Cuando a Buda todavía se le llamaba "Príncipe Siddhartha", expresó su deseo de desposarlo una princesa de un reino cercano, pero la nula intención de Buda de acceder a dicha petición se tradujo en un desdén fenomenal por parte de la mujer hacia el príncipe. Al cabo del tiempo, ya como reina y sin haber olvidado el desprecio del que fue víctima, al ser informada de que el Buda iba a pasar por sus dominios, ordenó que al Maestro se le humillara y deshonrara de todas las formas posibles. Molesto y desconcertado, Ánanda le sugirió al Maestro que cambiara de rumbo para evitar problemas en el viaje. "De acuerdo", le respondió Buda, "pero ¿qué vamos a hacer si esto se repite en otros sitios? No se puede evitar la adversidad porque, de lo contrario, le perseguiría a uno toda la vida. Por tanto, los problemas hay que afrontarlos y plantarles cara. No se puede andar con rodeos. Acéptalo, observa cómo te sientes, cómo funciona la mente y descubre con ello cuánta fuerza posees".

Debemos caminar como el elefante que no hace ningún caso a todos los perros que le ladran porque él es consciente de su propia fuerza. Debemos continuar caminando con gracia y felices, sin que nada nos afecte y manteniendo el equilibrio. Esa es la fuerza espiritual – la ausencia de miedo, algo que solo se consigue mediante el conocimiento espiritual que debemos descubrir en nuestro interior. Para hallar esta fuerza debemos excavar en nuestro interior igual que lo hacemos con la tierra.

Lo bonito y lo feo viven de la mano. Si la mente se nos queda atascada en lo feo, no habrá forma de disfrutar de lo bonito. A la mente le resulta muy fácil quedarse atrapada en la negatividad pero, entonces, nos perderemos toda la belleza. Así que de nosotros depende. Nosotros somos los que decidimos en qué nos vamos a fijar. ¿Por qué torturarnos con lo negativo cuando podemos dedicarnos a mirar las cosas maravillosas que hay en la vida?

El incremento de turismo en la India la convierte en un ejemplo muy adecuado para este punto. Algunos turistas no ven más que porquería, mendigos, polución, pobreza, etcétera; pero se pierden toda la belleza que contiene la tradición espiritual del país y, por eso, en lugares famosos como Rishikésh, Benares y demás sitios en los que queda la "estela" y la energía espiritual de sabios, santos y demás seres iluminados, todo eso les pasa desapercibido y los turistas regresan a sus países de origen con las manos vacías, decepcionados y empobrecidos. Pero, en fin, esa es la mala suerte de estar ciegos.

Debemos cambiar nuestra percepción de las cosas; hacer que cambie nuestra mente. El mundo no tiene nada de malo –somos nosotros. Nosotros somos los que tenemos el problema. Es nuestra mente la que se equivoca si lo que vemos allá donde vayamos no es más que negatividad. Cuando la mente se enfoca en lo positivo, no veremos más que cosas bonitas y dicha a nuestro alrededor.

Nuestros amiguitos recubiertos de plumas nos proporcionan una buena analogía: si mezclamos distintos tipos de semillas, los pájaros saben exactamente cuáles coger con el pico. Así que de nosotros depende que escojamos lo que es correcto hacer y lo que es correcto pensar. Dicha habilidad se denomina *viveka* – discernimiento – y nos aporta muchos beneficios. Tenemos que conseguir que nuestra mente vea lo bonito, la luz y la felicidad y, para eso, tenemos que trabajarnos; tenemos que corregirnos. No le echemos la culpa al mundo, porque él no tiene la culpa de nada. Más bien fijémonos en las cosas bonitas que haya allá donde vayamos. La luz y la oscuridad viven puerta con puerta. Somos nosotros los que tenemos que escoger.

Preguntas y respuestas que se nos plantean en el camino

Pregunta: Svamiji, ¿podría hablarnos de cuáles son los mayores obstáculos con que nos podemos encontrar en el camino espiritual, en nuestra búsqueda de Dios, y cómo superarlos?

Svamiji: El obstáculo más difícil es el condicionamiento de la mente ya que, cuando la mente está condicionada para albergar determinados pensamientos, conceptos o creencias, nuestros pensamientos se vuelven rígidos y, en cierto modo, adoptamos una actitud "acartonada". Si no nos abrimos a analizar, contemplar, comprender y observar distintos aspectos del significado y propósito de las cuestiones, tanto pequeñas como grandes, es que le estamos poniendo límites a la mente, y la limitación de la mente constituye un enorme obstáculo. Aunque sabemos que no somos la mente, ella sí constituye una parte de nuestra manifestación emocional cuya naturaleza consiste en fluctuar constantemente – unas fluctuaciones que pueden ser tanto intensas como suaves, dependiendo de cómo la influyan en ese momento los tres *gunas* o tendencias fundamentales: *sattva guna*, *raya guna* y *tama guna*. Estas tres cualidades son las que rigen nuestro cuerpo, mente y emociones.

- Cuando nos rige *sattva guna*, nos sentimos creativos, positivos, inspirados, equilibrados y objetivos, lo cual nos abre a un mayor desarrollo así como a comprendernos mejor personalmente.

- Cuando predomina *raya guna*, estamos activos, rebosamos energía inquieta, apasionada, con un fuerte impulso por hacer cosas, aunque también nos sentimos ansiosos, discutimos acaloradamente y hasta podemos resultar intimidantes y avariciosos.

- Cuando predomina *tama guna* nos sentimos deprimidos, enfadados, malhumorados, frustrados, infelices y confusos, y toda esa negatividad nos ofusca los sentidos.

A lo largo de las veinticuatro horas del día vamos fluctuando entre estos tres estados al tiempo que también nos afectan la sociedad en que vivimos y nuestro entorno. Nos pasamos el tiempo intercambiando energías con los demás, sobre todo a través de *raya guna* y *tama guna*, ya que son dos cualidades que prevalecen en toda la sociedad, estemos donde estemos. Son también los gunas que presentan los mayores obstáculos y que, de hecho, se pueden convertir en toda una trampa en la que podemos quedar atrapados.

Esta es la base de todos nuestros intercambios con amistades, familia, compañeros del trabajo y con cualquier persona con la que contactemos, sean cuales sean los intereses que podamos tener.

Sin embargo, cuando se está en la claridad de *sattva guna*, todo es como un cielo abierto, sin nubes, en el que reluce el sol. Nos rodea la lucidez y no se tiene ningún tipo de dudas. Todo se desarrolla tal y como es y nos resulta como una revelación. Todos los enigmas quedan desvelados, uno rebosa inspiración y comienza a comprender "qué es qué" y "cómo son las cosas". En resumen: el mundo tiene sentido y se desvanecen todas nuestras inseguridades.

De lo que se trata es de llenar nuestros sentidos y nuestra vida de *sattva guna*. El entorno ejerce una influencia ininterrumpida en nuestros sentidos y en nuestra vida, en forma de todo lo que nos rodea. Cada vez que salimos nos llegan energías externas, cuyos efectos transmitimos a nuestros familiares cuando llegamos a casa, los cuales, a su vez, también irradiarán dichas vibraciones hacia otras personas. Estos efectos no se pueden evitar porque forman parte de la creación, parte de la vida. Sin embargo, hay una salida.

Cuando nos esforzamos por aumentar el *sattva guna* mediante todas nuestras cualidades positivas, se reducen en gran medida el efecto de los otros dos *gunas*, momento a partir del cual seremos básicamente regidos por las leyes de *sattva guna*, que son tan potentes que, cuando salimos y nos mezclamos entre la gente, la influencia negativa de *raya guna* y *tama guna* nos resbala simplemente por encima igual que se deslizan las gotas de agua por los pétalos de los nenúfares. El mundo exterior no nos afecta; no nos penetra su influencia y nos sentimos seguros en nosotros mismos.

Ahora bien, la cuestión estriba en cómo incrementar las cualidades del *sattva guna*. Pues bien, esto también depende de hasta qué punto podamos ascender mediante la meditación y contemplación y hasta qué punto seamos capaces de autoanalizarnos. Eso es algo que se produce con el conocimiento. Ni que decir tiene que la gracia y la energía del maestro están siempre ahí para apoyarnos y ayudarnos a crecer y comprender. Sin embargo, un condicionamiento mental muy intenso constituye el mayor impedimento para alcanzar el Ser Superior. Puede llegar a parecerse a una rígida masa de cemento que se solidifica hasta el punto de que uno es incapaz de moverse, lo cual significa que ya no hay crecimiento posible y que desaparece cualquier posibilidad de iluminación. Por muchas revelaciones que uno tenga, nunca puede decir "ya lo he conseguido", sino que, más bien, debe enfocarse en seguir avanzando hacia su propio Ser. Dicho viaje, en sí mismo, es muy hermoso y valioso pero, en cuanto uno se encajona en un concepto o actitud, deja inmediatamente de crecer y eso puede constituir el mayor escollo en nuestra evolución.

Pregunta: Suámiyi, ¿podría hablarnos más en detalle de qué es la gracia y del papel que desempeña en el camino espiritual?

Svamiji: Se dice que cuando damos un paso hacia delante, la gracia da otros cien hacia nosotros. Todo depende de lo intensamente que anhelemos recibir esa gracia; de hasta qué punto consigamos tomar conciencia y de lo que consigamos comprender. Si lo comparamos con el sol que brilla fuera de casa, aunque podamos verlo desde dentro, si no damos el paso de salir nunca nos podremos beneficiar de la caricia de sus rayos.

La energía de la gracia es una fuerza esotérica invisible. Nuestra preparación para recibirla se convierte en un acto espiritual, con todo lo que ello conlleva de crecimiento personal y de aprendizaje. Para estar preparados para recibir más gracia, tenemos que integrar todas esas fuerzas en nuestro interior.

Más de una vez he dicho que no tiene ningún sentido ni valor conocer al maestro o maestra más elevado que pueda existir, si uno no ha evolucionado lo suficiente como para reconocerle. ¿De qué sirve conocer en persona al maestro o maestra más elevado si uno no se da cuenta de que lo es? Antes de que se produzca dicho encuentro, tenemos que prepararnos, lo cual, a su vez, nos acerca a la gracia espiritual e, incluso sin darnos cuenta, llegará un día en que nos encontraremos bajo la gracia y protección del maestro o maestra que nos llevará desde un estado de gracia al siguiente hasta que, finalmente, cuando llegue el momento, se produzca una apertura absoluta de energía – de *shakti*. *Shaktipat* es el nombre que recibe el hecho de transmitir gracia al otro (en la jerga actual de la informática se podría comparar con la transmisión de datos a un disco duro). El maestro tiene la capacidad de otorgar energía y gracia, es decir, de transferir conocimiento en tan solo un instante siempre y cuando la persona reúna las condiciones para ello. La gracia es una energía muy poderosa pero, antes de ser transmitida, tiene que haberse producido un cierto desarrollo y evolución en el individuo como preparación para esta potente experiencia. Puede que se nos pida que hagamos algo aparentemente imposible pero, si disponemos de la gracia, eso se puede manifestar. A partir de ese momento, se acelera todo el proceso del desarrollo personal y podemos alcanzar nuestro objetivo mucho antes.

Pregunta: ¿Hay alguna diferencia entre alcanzar a Dios y alcanzar al Ser?

Svamiji: Ante todo, debemos recordar que el ser humano no sabe qué es Dios. Aunque muchas de las religiones establecidas proclaman que Lo conocen e intentan definirlo, lo cierto es que todas las explicaciones son creación de una mente humana. ¿Cómo vamos a poder definir algo que no conocemos? ¿Puede acaso una hormiga definir qué es un ser humano? Entonces surge también la pregunta de si somos nosotros los que creamos a Dios o si es Dios el que nos ha creado. Ambas preguntas resultan interesantes.

Existen millones de libros que contienen el concepto de Dios. Se cuentan por trillones los pensamientos que se han creado sobre este tema. En cierto modo, resulta muy interesante que toda la humanidad se haga esta pregunta. Por un lado puede resultarnos fácil decir: "Dios existe y quiere que yo haga tal o tal cosa". Como queremos poder comprender las cosas sin complicaciones, decimos que eso es la Trinidad de Dios – un concepto que existe tanto en el cristianismo (Padre, Hijo y Espíritu Santo) como en el hinduismo (Brahma, Vishnu y Mahésh). Es algo que le aporta cierto bienestar al ser humano porque, de este modo, lo tiene todo ordenado de una forma que le resulta fácil comprender y así se siente seguro. En cambio, el desorden y la confusión conllevan inseguridad y malestar. Cuando todo está en orden, uno se siente bien – lo cual no tiene nada de malo. Todo esto está bien y tiene su razón de ser pero, para el ser humano, la única realidad es lo físico a pesar de que, en realidad, no es más que un espejismo. Al fin y al cabo, el cuerpo físico no permanece para siempre. Existe una buena historia para ilustrar la búsqueda de una realidad distinta.

Historia: Yánaka, el poderoso monarca del antiguo reino de Mithila, soñó que se encontraba en un gran bosque, en la más absoluta miseria y muriéndose de hambre pero, de alguna forma, consiguió encontrar algunas plantas y raíces con las que prepararse una frugal comida. Justo cuando iba a comenzar a saciar su hambre con esos modestos alimentos en el claro donde se había instalado, irrumpió furioso un toro bravo, el cual, en cuestión de segundos, devoró hasta la última mota de la comida. El rey se puso a gritar lleno de desaliento y frustración, momento en que se despertó.

Este sueño dejó al monarca tan perplejo que, desde ese momento, se planteó: ¿Qué es la verdad? ¿Quién soy yo? ¿Soy el rey de este palacio y monarca de este reino o soy ese hombre sumido en la miseria, hambriento y perdido en el bosque?

Deseoso de hallar la respuesta, invitó a todos los *pándits* eruditos de todas las zonas conocidas y, al que consiguiera contestar a su pregunta, le ofrecería la mitad de su reino. Fueron muchos los que se presentaron. Al fin y al cabo, había nada menos que un botín de medio reino. Sin embargo, desgraciadamente, nadie fue capaz de encontrar una respuesta adecuada.

Entonces, dio un paso al frente un hombre cuyo cuerpo estaba deformado en ocho articulaciones, por lo que le llamaban *Ashtavakra* (ocho curvas). Todos los demás "sabios" se echaron a reír y a mofarse de la deformidad de dicho personaje. Ashtavakra los miró a todos y dijo: "Pensaba que estaba en presencia de grandes sabios pero ahora me doy cuenta de que sois vosotros los que solo conseguís ver la forma exterior, la piel. Como no veis en mí más que un cuerpo deforme pero no mi Ser, concluyo que no estoy en presencia de grandes eruditos capaces de comprender que: "Aunque el río esté muy retorcido, el agua no lo está".

Entonces avanzó hacia el monarca y le dijo: "¿Así que queréis darme la mitad de vuestro reino? ¿Y cómo pensáis hacerlo, si ni siquiera os pertenece?"

"¡Por supuesto que me pertenece! Soy el rey, auténtica y legalmente".

"O sea que pensáis que esto os pertenece. Y antes de vos, ¿a quién perteneció?"

"A mi padre".

"¿Y antes de él?"

"A su padre".

"¿Y después de vos?"

"A mis hijos varones".

"Entonces, ¿cómo se entiende eso de que antes de vos no fuera vuestro ni que tampoco lo será después de vos pero, en cambio, entremedias, proclamáis ser el dueño del reino?"

El monarca se vio obligado a admitir que había errado en su interpretación de la realidad y que no era más que el cuidador del reino pero que no le pertenecía. Así fue como Ashtavakra le dejó claro que no podía regalar algo que no le pertenecía.

Aturdido por un instante, el rey le respondió:

"¡De acuerdo, pues te doy mi cuerpo!"

"¡Ay, majestad! ¡Volvéis a cometer el mismo error! ¿Sois acaso el dueño de ese cuerpo?"

"¡Pues claro que sí! Soy yo el que vive en este cuerpo y, por lo tanto, es mío y está bajo mi control".

"¿Y dónde estaba ese cuerpo hace cien años, y dónde estará dentro de otros cien?"

Nuevamente tuvo el monarca que aceptar que el cuerpo tampoco le pertenecía y que tan solo era un préstamo de la Madre Naturaleza durante los años que durara su vida, después de lo cual, debía ser devuelto a Ella.

"Muy bien", respondió el rey. "Pues te doy mi mente".

"¿Os creéis dueño de la mente cuando ni siquiera conseguís controlarla? ¿Cómo vais a poder darme algo que no controláis? Cuando le decís a la mente que haga tal cosa, ¿os hace caso?

Pasado un tiempo, y al sentirse completamente derrotado

por la lógica y la sabiduría de Ashtavakra, el monarca le dijo: "¡Gran maestro! Me tengo que plantear muy seriamente si hay algo que sea realmente mío".

El rey Yánaka acabó dándose cuenta de que se encontraba ante un gran maestro y le pidió a Ashtavakra que le aceptara como discípulo para poder descubrir, bajo su tutela, los misterios del Ser.

La esencia del diálogo entre el rey Yánaka y Ashtavakra constituye un hermoso texto llamado *Ashtavakra Guita*.

Eres el testigo solitario
de todo lo que existe,
eternamente libre.
Tu única limitación es no ver Eso.

¡Pensemos en ese concepto, ese pensamiento de "¿quién soy?", de "¿qué soy?"! ¿Cómo vamos a poder hablar de iluminación si ni siquiera sabemos qué es el Ser? No sabemos si se trata del cuerpo, de la mente, de los sentidos o de los sentimientos y menos aún de si se trata de Dios. ¿Por qué no empezamos con algo que nos quede más a mano, como puede ser el cuerpo, para después pasar a enfocarnos en la mente, explorarla y, seguidamente, explorar los sentidos?

En el Vedanta se explica la diferencia entre el *Atma* y el *Paramatma* – entre el Ser y lo Supremo. Un gran místico persa afirmó: "El que conoce a Dios no es menos que Él". En aquella época, consideraron que semejante afirmación era una blasfemia y fue condenado a morir a pedradas.

La gente acudió al lugar de la ejecución ya que estaban obligados a obedecer la orden de apedrearlo. Uno de sus discípulos más cercanos, también allí presente, reacio a acatar la orden de apedrear a su maestro, cogió una flor y se la tiró. El *guru*, que no paraba de reír mientras la gente le tiraba piedras, al caerle la flor encima, rompió a llorar. Sorprendidos, los demás le preguntaron: "Si no te inmutabas al recibir pedradas, ¿cómo es que una flor te puede haber alterado tanto?"

"Puedo comprender que la gente ignorante me tire piedras pero ese hombre es discípulo mío y la flor que me ha tirado me ha dolido más que cualquier pedrada".

Y es lógico que así fuera porque cuando uno conoce perfectamente algo o a alguien, en eso se convierte. El meditador ya no es un meditador sino que se convierte en meditación – ya no hay diferencia. Nos convertimos en aquello en lo que nos concentramos. Esa es la ley de la meditación y de la naturaleza. Por tanto, tened cuidado al escoger vuestras metas y en qué os concentráis.

El maestro de la historia fue castigado por afirmar que quien conoce a Dios no es inferior a Él. Por lo tanto, es cierto: el Ser y Dios son exactamente lo mismo. Sin embargo, antes de podernos acercar a dicha meta, tenemos que ocuparnos del cuerpo, de la mente y de los sentidos. Se describe a la mente como el auriga que conduce el carro de los salvajes caballos de los sentidos, lo cual no es nada fácil. Los *"Yoga sutras"* de Patányali le explican al buscador cómo comprender el cuerpo, la mente y los sentidos. Todos los ríos acaban fundiéndose en el mar y convirtiéndose en él, momento en que dejan de existir como entes individuales. Por lo tanto, se puede afirmar que el Ser se funde en Dios.

Pregunta: ¿Qué podemos hacer para no identificarnos tanto con los sentidos, para no depender tanto de ellos?

Svamiji: Tomar conciencia de que no somos ni la mente ni los sentidos. Ya he puesto el ejemplo de cuando nos despertamos de un sueño. En ese momento, quizás decimos: "¡Qué bien he dormido!". Pues, en ese momento, pregúntate: ¿Quién es el que ha dormido? ¿Quién ha sido testigo de ese hecho de dormir? Cuando estés sumido en algo, pregúntate quién es ese sujeto que está sumido en eso, que está disfrutando tanto de hacer eso; y quién es el que se da cuenta de todo eso.

Algunos grandes maestros se sirven de la siguiente analogía: el cuerpo es tu palacio, con nueve puertas, y el trono de tu rey se encuentra en tu corazón – el *chakra* del corazón, el cual es el asiento de tu Amado, quien está esperando a que te reúnas con Él.

Pregunta: ¿Cómo podemos compaginar nuestra devoción por lo Supremo con el hecho de ser conscientes de que somos *Atma*?

Svamiji: Existen tres aspectos: *karma yoga*; *bhakti yoga* y *gñana yoga*. Los tres son muy importantes.

- *Gñana yoga* es el vínculo con el Ser supremo, con el conocimiento.

- *Bhakti yoga* es el vínculo con el cuerpo sutil, con el amor y la devoción. *Bhakti* es un elemento esencial siempre y cuando no se base en el "yo". El *bhakti* es la barca con la que podemos cruzar el imponente río del *samsara*. Aunque uno intente enfocarse en la no dualidad, no puede conseguirlo sin *bhakti*, porque el *bhakti* es lo que nos transporta a la otra orilla y, en cambio, sin ella, puede que nos perdamos. Incluso después de haber alcanzado la cima más alta de evolución, algunos seres escogen mantenerse en la dualidad porque desean seguir siendo *bhaktas*, seguir sintiendo ese amor y esa devoción aunque ya se hayan fundido completamente con la Totalidad. Solo se puede amar desde la dualidad. En la no dualidad no existe el amor.

- *Karma yoga* es el vínculo con el cuerpo y los sentidos – con la actividad. En el *karma yoga* hay que hacer cosas, tanto si nos apetece como si no. Tanto si las hacemos riéndonos o llorando llenos de resentimiento, no tenemos escapatoria mientras conservemos un cuerpo. Tenemos que desarrollar actividades; tenemos que dormir; tenemos que comer y que limpiar; no hay escapatoria. Pero cuando hacemos *karma yoga* con desapego, podemos hacer cualquier cosa.

Pregunta: Svamiji, ¿podría explicarnos qué hacer cuando nos asaltan las dudas – cuando dudamos de las enseñanzas, del maestro o de nosotros mismos?

Svamiji: Tienes que comprender que la duda es algo que uno mismo se fabrica. Es tu propia fobia, tu propia confusión, tu propia oscuridad e inseguridad. Es única y exclusivamente producto de tu mente y de tus miedos. ¿Sabes lo que quieres? Ten claro qué es lo que quieres en la vida y, cuando lo tengas claro, nadie te podrá engañar. Cuando se tiene una experiencia de lo real, entonces uno detecta cuándo algo es falso. La duda solo nos asalta cuando no sabemos lo que queremos. Es muy útil dudar de nuestras dudas.

Pregunta: ¿Cómo podemos utilizar el poder de la contemplación para deshacernos del ego y de nuestra identificación con los sentidos? ¿Cuál es la mejor forma de contemplación?

Svamiji: Imagínate, por ejemplo, que mezclamos muchos tipos de semillas, una gran variedad, y que también entremezclamos piedrecillas. Cuando se pone toda esa mezcolanza al aire libre, los pájaros vienen y se comen exclusivamente las semillas que les gustan. Unos pájaros se comerán unas y otros, otras. ¡Pues eso es contemplación! Es la capacidad de discernir, ininterrumpidamente, entre lo que es bueno y lo que es perjudicial.

Pregunta: Háblenos, por favor, del *mantra*, de su poder y de cómo utilizarlo.

Svamiji: El *mantra* es una semilla cargada de poder, de energía concentrada. Un *biya mantra*, por ejemplo, es un *"mantra semilla"* y, como tal, contiene toda la información necesaria para transformarse en todo un árbol gigantesco una vez plantado en nosotros. Una semilla diminuta se puede convertir en un árbol enorme. Eso es el *mantra*. El *mantra* se instala en nuestro interior y, sobre todo cuando lo recibimos del maestro, se convierte en parte nuestra; lo observamos; va creciendo y nos puede llevar a la iluminación o a cualquier otra manifestación. Pero un *mantra* no funciona por sí solo por el mero hecho de repetirlo.

Kabir, el famoso poeta místico del siglo XV, dice: "Con una mano pasas las cuentas del rosario; vas moviendo los labios; la lengua se mueve sin parar mientras lo repites… pero la mente no para de deambular. Así no se medita".

No basta con repetir el *mantra* mecánicamente. Hay que combinarlo con otros aspectos y se tiene que convertir en parte de nuestra personalidad.

Pregunta: ¿La repetición del *mantra* tiene algo que ver con concentrarnos en el *Sátguru*, con la contemplación en el *Sátguru*?

Svamiji: Son cosas distintas. Cuando nos concentramos en el *guru*, estamos sintonizando con él y, cuando repetimos un *mantra*, lo que hacemos es invocar la energía que lleva asociada. Es distinto de conectar con el maestro aunque, a veces, se pueden combinar las dos cosas para activar la fuerza.

Pregunta: ¿Qué cualidades necesita tener el discípulo para conseguir llegar al final?

Svamiji: ¡Anhelo por el conocimiento! Esforzarse hasta el máximo para recibir conocimiento, combinándolo con todas las prácticas que sean necesarias. Una cualidad imprescindible es el anhelo por alcanzar la liberación. Hay que estar abiertos a comprender, libres de bloqueos, sin establecer conclusiones, sin imponer pensamientos, sin ningún tipo de condicionantes porque, si nos quedamos atascados en algún tipo de conceptos o creencias, no hacemos más que imponernos límites que nos impiden crecer. Hay que romper con todas las barreras y límites. Si queremos alcanzar el infinito, no podemos andar rodeándonos de bloqueos. Es una pena que muchos buscadores queden atascados en algún momento porque se encierran en sí mismos. No debemos contentarnos con los frutos pequeños sino aspirar al más grande.

Pregunta: ¿Ha encontrado a muchos buscadores que se contenten con los frutos pequeños antes de alcanzar la meta y que, por tanto, no sigan avanzando?

Svamiji: Es algo que sucede muchas veces. La gente obtiene pequeños beneficios y ya no se esfuerzan más en la vida, quizás porque piensan que seguirán esforzándose en la próxima.

Pregunta: ¿Sucede a veces también que un buscador alcance un determinado nivel de evolución, que tenga experiencias genuinas de estados superiores de conciencia y que se crea que ha alcanzado la meta?

Svamiji: Sí, eso también sucede. Hasta que no se alcanza la cima más elevada de la iluminación siempre puede uno confundirse, equivocarse o malinterpretar la situación. Ahí es cuando algunos dicen que les hablan los ángeles. No es fácil determinar hasta qué punto son los ángeles o el propio espejismo de la persona lo que le habla.

Nuestras fantasías pueden producir muchos tipos de experiencias mixtas, lo cual no impide que también algunas sean auténticas. En el proceso de la evolución se pueden dar muchos tipos de experiencias – impresiones tanto del pasado como del futuro. Uno debe plantearse, con objetividad, qué es lo que le motiva, qué es lo que le hace decir, pensar o hacer determinadas cosas, porque todo depende de cuál sea la verdadera motivación de lo que se diga, piense o haga. Por ejemplo, decirle a alguien "Te quiero" puede ser fruto de muy distintas causas. Cada cual tiene su manera de comprender y percibir el amor; cada cual tiene sus propias expectativas del amor. ¿Qué quiere decir la gente con esa frase? Una manera de practicar la contemplación consiste en explorar, descubrir y definir qué es lo que nos mueve a hacer algo determinado en una situación determinada.

Pregunta: Svamiji, ¿podría hablarnos de las relaciones, en particular de cómo combinar las relaciones íntimas con la búsqueda espiritual? ¿Qué influencia ejercen sobre el desarrollo humano y hasta qué punto son adecuadas si lo que anhelamos es la iluminación? ¿Hay forma de evitar el sufrimiento y los problemas que suele haber en una relación?

Svamiji: Ante todo, se necesita tener una señal clara que te ayude a comunicarte. Es muy importante interactuar y comunicarse. Cuando se experimenta o se descubre algo bonito, lo natural es querer compartirlo. Mucha gente lo pasa muy mal. ¿Cómo se les puede ayudar a ser felices? Soy consciente de todo el sufrimiento y dolor que existe. La única razón por la que existo en este mundo, por la que me he manifestado en la dualidad, en este cuerpo, es para enseñar a la gente cómo superar la infelicidad y el sufrimiento; para mostrarles el camino hacia la felicidad, hacia la iluminación.

Pregunta: ¿Hasta qué punto una relación de pareja nos puede ayudar a alcanzar la meta espiritual y hasta qué punto puede constituir un obstáculo?

Svamiji: Si hay mucha diferencia de nivel de conciencia entre las dos personas, entonces puede ser un obstáculo, porque se tienen expectativas muy distintas. Como no se está en la misma onda, la comunicación puede verse dificultada. No se avanza en paralelo. En las relaciones tiene que haber sincronía, igual que en los engranajes de una máquina. Si no hay sincronía entre la mente de las dos personas, si se tienen expectativas muy distintas, las dos personas se frustran entre sí y la relación acaba rompiéndose.

Cuando, en una pareja, se puede hablar con objetividad de los problemas que surjan y ambos individuos están dispuestos a escuchar al otro, a escucharle de verdad, con comprensión y tolerancia, entonces sí que hay posibilidades de que se alcance un compromiso para que la relación funcione. Cuando ambas personas están dispuestas a desprenderse de las cuestiones sin importancia que cada una puede haberse creado y a las que están tan aferradas, y cuando ambos están preparados para afrontar qué aspectos propios no son convenientes para la relación y deciden desprenderse de ellos, entonces sí que pueden progresar juntos. Un elemento muy importante para la resolución de conflictos es el autoanálisis y la autocorrección. Son elementos importantes porque no se puede superar ningún conflicto si uno intenta justificar y defender los impulsos del ego y de los sentimientos. A todo el mundo le recomiendo que, antes que dormir, dedique cinco o diez minutos a analizar el día y que se fije en qué cosas puede que haya hecho que no sean favorables para, de esta manera, asegurarse de que no las vuelve a repetir.

Lo que intentamos enfatizar con esto es el *auto*-análisis. Es algo que tiene que hacer cada cual para sí ya que, si proviene de los demás, no provocará más que justificaciones, excusas y, finalmente, enfado. El principal personaje en todo esto es el ego. Resulta extraño que, con frecuencia, la gente prefiera tener razón a ser feliz. El ego siempre está presente disfrazado de muchas cosas. Puede que alguien intente provocarnos criticándonos para que reaccionemos ante una crítica que alguien hace de nosotros, y nos diga: "¡No sé cómo puedes tolerar eso!"; y nosotros, en lugar de pensar por cuenta propia e intentar indagar y descubrir por nosotros mismos lo que le ha llevado a la otra persona a decir eso de nosotros, lo que hacemos es estar de acuerdo con ese comentario y reaccionar con agresividad. Para eso se necesita ser valiente y completamente honrado y sincero. No se puede avanzar en la espiritualidad si no somos honrados con nosotros mismos. Eso es un requisito básico. No te engañes a ti mismo; no finjas. Puedes pasarte toda la vida fingiendo que eres así o asá – pero no por eso serás realmente de esa manera. De hecho, eso resulta agotador. Fingir y mentir puede convertirse en una práctica muy estresante. Hay que ser valiente para mantenernos completamente en la honradez.

En el Vedanta, un *Brahma sutra* dice: "El débil es incapaz de alcanzarme. Solo el fuerte puede venir a Mí". Aquí se hace alusión a la fuerza interior, a la valentía. Cuando uno sabe que lo que hace vale la pena, que le espera una gran recompensa y que no quiere que se le escape de las manos, consigue desarrollar y acumular una gran fuerza interior. Es una pena enorme que nos perdamos dicha oportunidad.

Pregunta: Svamiji, ¿puede hablarnos de lo que sucede después de la muerte?

Svamiji: Depende del nivel de conciencia que uno tenga en el momento de dejar el cuerpo. Es una cuestión en la que entran en juego muchos y muy variados factores, y cada uno es un individuo único, con un determinado estado de conciencia. Con nosotros llevamos todos los apegos que hayamos desarrollado a lo largo de la vida. Por ejemplo, si, al dejar el cuerpo, uno sigue apegado a todas sus cosas mundanas, a todo lo que ha ido acumulando a lo largo de los años, se llevará consigo dichos apegos y el alma no se podrá liberar. Debemos recordar que tenemos tres cuerpos: el físico, el sutil y el astral o causal.

En el momento de la muerte, solo nos desprendemos del cuerpo físico pero el sutil no muere sino que conserva todas las impresiones y permanece tal cual – dependiendo del tipo de persona que uno haya sido. El cuerpo astral o causal regresa simplemente a la Totalidad, con la que se fusiona en un proceso parecido al momento en que desaparecen las paredes que encierran un pequeño espacio y este se funde con un espacio mayor, con la Totalidad, y pasa a formar parte de Eso. Sin embargo, aunque no seamos el cuerpo sutil, como nos hemos identificado con él – con el intelecto, la mente, el ego y los sentimientos – esa parte no desaparece.

Entonces, ¿cómo se relacionan los tres cuerpos entre sí? Pongamos al sol como ejemplo. El sol no está conectado con la tierra y esta no le afecta en nada pero, en cambio, la tierra depende del sol. El cuerpo físico es la tierra y el sol es el *Atman*, el Ser, lo cual se refleja en el cuerpo físico a través del cuerpo sutil. Aunque el Ser no tenga ningún tipo de conexión, el cuerpo físico depende de Él en gran manera. Cuando llega la luz, se activan tanto el cuerpo físico como el sutil.

En el caso de los seres iluminados, da igual que tengan cuerpo o no porque son seres con conciencia en un cuerpo físico. El cuerpo físico es efímero y, como ellos nunca se han identificado con el sutil, ambos cuerpos quedan destruidos al morir. El cuerpo físico de un ser iluminado se manifiesta para que pueda comunicarse con los seres humanos al adoptar una forma como la suya. Por tanto, un ser iluminado encarnado es, de hecho, la Divinidad con forma. Puede que tenga aspecto de ser humano pero no lo es.

En cambio, el individuo que se esfuerza es un ser humano en desarrollo. Los seres iluminados pueden tener cuerpo físico y sutil, pero eso no les afecta en lo más mínimo puesto que lo tienen todo y no añoran nada. Cuando uno es conocedor de lo que puede manifestar, no añora nada, y le da igual dónde esté – en una cueva, en un palacio, al borde del mar o en cualquier otra parte.

Los seres iluminados, aunque parezcan seres humanos normales, tienen una percepción completamente distinta, independiente de la dualidad. Si un ser espiritual pierde su estado, quiere decir que no ha alcanzado la iluminación total final pero, una vez superada la barrera final, ya no hay pérdida posible – no hay ego, no hay deseos. Si un ser iluminado parece tener algunas de estas tendencias, es más bien porque realiza un tipo de juego por el bien de los seres humanos.

Preguntáis qué es lo último que desaparece antes de la liberación. La respuesta es siempre la misma: los apegos – los apegos a los sitios, a las cosas personales y a las personas. Esos son los tres tipos de apegos que hay que superar. Pero el apego final y más difícil de superar es el apego al pensamiento. Es el obstáculo más difícil y más grande – desprenderse de cualquier tipo de pensamiento.

El periplo de la vida

La vida es un periplo en que nos hemos embarcado y que, a cada paso que damos, siempre tiene algo nuevo que revelarnos. Debemos afrontar el día y la noche; la luz y la oscuridad; las alegrías y las penas. Cuando uno se reconoce realmente, no se puede rechazar a sí mismo – la oscuridad se transforma también en luz.

Aunque a los niños les suele asustar la oscuridad, cuando juegan a algo y tienen que estar a oscuras, de una forma u otra consiguen superar el miedo. Nos sentimos amenazados por la oscuridad solo mientras nos mantenemos fuera de ella pero, una vez que nos introducimos en ella, se convierte en algo familiar. Pues lo mismo sucede con el miedo, el cual no es más que la consecuencia de figurarse algo inquietante que nos aparta de nuestro terreno conocido. Sin embargo, cuando de hecho nos encontramos en una situación desconocida – ya sea con gente, lugares, circunstancias o acontecimientos nuevos para nosotros – ya no nos sentimos tan amenazados.

Cuando nos sentimos potencialmente amenazados por algo, hasta podemos llegar a padecer de insomnio. Ese período de espera a que se materialice la amenaza puede resultar muy desagradable. Sin embargo, cuando uno se encuentra ya sumido en la situación que tanto temía, queda sorprendido de lo relativamente fácil que resulta afrontarla. Pongamos por ejemplo que intentamos meter un dedo en agua helada. Una vez lo tenemos ya dentro, hasta nos puede resultar placentero porque, además, la energía del frío también nos lo compensa. Cuando somos conscientes de las situaciones y nos adaptamos a ellas, el impacto no resulta tan insoportable.

En el camino espiritual sucede algo similar. Enfrentarnos a todos los condicionamientos constituye un periplo ininterrumpido en el que descubrimos y experimentamos distintos aspectos de nosotros mismos, y con el que aprendemos a desprendernos de todo aquello que no nos conviene de entre todo lo que hemos acumulado. Desprenderse de las cosas es de lo más difícil que hay en la vida. ¿Cómo podemos aprender a desprendernos? Resulta muy difícil desprenderse del ego, del miedo, de la confusión y de los apegos, pero tenemos que conseguirlo porque, al lograrlo, somos libres y nos liberamos de todo lastre.

Si nos fijamos bien, nos daremos cuenta de que, cuando cumplimos con una obligación o saldamos una deuda, sentimos un alivio inmenso. Todos sabemos que, más tarde o más temprano, se tiene que devolver lo que se debe, tanto en la economía como en las cosas de la vida; pero no hay escapatoria. ¿No resulta mucho más fácil, entonces, aceptar que tenemos esa deuda y devolverla con alegría? Porque, además, también nos libramos de las consecuencias de no conseguir saldarla.

La posibilidad de quedarnos atascados es considerable y muy desagradable. Por ello, tenemos que avanzar, despojarnos de todos esos condicionantes y progresar. Incluso la gente que se interesa por la espiritualidad se atasca también. Se trata de un largo periplo y el viaje mismo constituye de por sí la recompensa. Otro concepto es que un día, algún día del futuro, seremos recompensados. Eso no es correcto. La recompensa es algo constante, ininterrumpido. Lo que pasa es que no somos conscientes de ella. La recompensa por cualquier acción nos llega de forma instantánea y la totalidad del periplo es lo que nos llena de satisfacción. Es recomendable desarrollar cualidades camaleónicas para entremezclarnos con el entorno que tengamos en cada momento.

El periplo es un buen ejemplo de cómo aceptar las cosas y superar miedos y ansiedades. Enfrentarse a los demás es la segunda fase de la vida pero la primera tiene que ser enfrentarnos y superarnos a nosotros mismos, a nuestros miedos, inseguridades y complejos ya que, una vez vencidos, es cuando podemos afrontar el mundo. Al solventar nuestros problemas, le encontramos sentido al periplo, ya que nuestro camino nos conduce a la iluminación.

Aunque todo el mundo tiene un potencial divino, también contiene, simultáneamente, una parte de oscuridad. Cuando reconocemos nuestra naturaleza divina, el periplo se vuelve muy suave, algo que, obviamente, le cuesta aceptar a ciertas religiones y culturas.

Si uno proclamara que es divino, incluso hoy en día estaría, como mínimo, haciendo el ridículo o, en el peor de los casos, podría ser víctima de la ira de "los que poseen la razón" y ser condenado a muerte. Pongamos por ejemplo a Sócrates. Cuando le anunciaron su sentencia de muerte y le dieron la cicuta que tenía que beber, dijo: "Me pregunto a quién recordará más la gente en el futuro – ¿a ti o a mí?". Ni siquiera en el siglo XXI puede uno sentirse seguro si proclama este tipo de cosas.

Por regla general, el mundo prefiere la ignorancia. No quieren que pensemos realmente, que seamos sabios ni nos iluminemos. Cuando uno es tonto o no se interesa por esas cosas y se deja controlar por el gobierno y los políticos, quiere decir que sigue los dictados del sistema gubernamental, de sus normas sociales y sus líderes, y que no se opone a nada ni molesta a nadie.

Sin embargo, lo que debemos hacer es descubrir la verdad y no dejar que nadie nos afecte. Así es el mundo espiritual. En el material, cuanto más ignorante es uno, mejor para todos. Por ello debemos escoger entre alcanzar la iluminación o permanecer en la ignorancia toda la vida y dejar que nos manipulen.

Existen mucho caminos

Existen muchos caminos, muchos senderos. Algunos son muy bonitos y gratificantes mientras que, otros, puede que estén llenos de sufrimiento, de incomodidades y de enfermedades, lo cual sería comparable a un viaje lleno de baches. De nosotros depende el escoger un camino por un bonito paisaje y con vibraciones que nos ayudan a ascender, u otro lleno de espinas. La vida nos presenta muchas opciones y, aunque nuestros deseos no puedan controlarlas todas, todo lo que deseemos y anhelemos acabará formando parte de nuestra personalidad y/o conciencia y, de una forma u otra, acabaremos experimentándolo. No es más que una cuestión de tiempo. Ese el poder de la psique – acabamos por experimentar todo aquello que creamos, aunque con la variante del tiempo. Es decir, puede que hoy no suceda lo que deseamos para este momento sino mucho más tarde. El problema radica en que, más adelante, puede que ya hayamos superado ese deseo original y ya no tengamos ganas de que se materialice. Pues mala suerte porque no nos quedará más remedio que aguantarnos. No hay otra salida, tal y como queda demostrado en la historia de *Krishna y el ladrón*. [7]

La mente es muy compleja y complicada. Cuando queremos algo, lo deseamos con intensidad. Por ejemplo, cuando vamos andando por el mercado, puede que deseemos tener lo que

---

[7] Ver capítulo "Pero *Guruyi*..." del libro *La Verdad Te Hará Libre*

vemos. La mente es como un niño que no para de desear cosas – que si ahora quiere chocolate, que si luego helado, que si un juguete más tarde. Puede que, de niño, quieras todos los juguetes pequeños pero eso no tarda mucho en cambiar y, a medida que vayas creciendo, vas cambiando de gustos. Puede que entonces pienses que ya eres mayor pero, en realidad, no es así porque sigues deseando cosas. Lo único que ha cambiado es que lo que ahora deseas son cosas más grandes y más caras. Por naturaleza, una mente inmadura no para de desear más y más, no deja de identificarse con objetos o con posesiones, ya sea un coche, una casa, unas marcas o un aspecto determinado.

Existen muchísimos caminos entre los que escoger y muchas encrucijadas que sortear. Algunos senderos acaban siendo callejones sin salida – se puede ver el cartel que lo anuncia: "Calle sin salida" – mientras que otros caminos son circulares y acaban regresando al punto de partida. La vida es así. Seguimos moviéndonos por la vida, experimentándolo todo – cosas como ir a trabajar, cuidar de nuestro jardín, casarnos, cambiar de trabajo y, al cabo de veinte o treinta años, nos entra la sensación de que siempre acabamos volviendo al punto de partida. Entonces hacemos una pausa y nos planteamos: ¿dónde estoy? Nos hemos olvidado de dónde estamos y de quién somos, y nos planteamos entonces hacia dónde nos tenemos que dirigir. ¿Y dónde vamos? A los mismos sitios: Nueva York, Bangkok, Bombay, París, Los Ángeles – los mismos sitios de toda la vida. Nos hemos montado en un carrusel que no para de dar vueltas y que no nos lleva a ninguna parte. El mundo es redondo y, por lo tanto, no podemos más que dar vueltas y vueltas.

El mundo no es algo infinito. El infinito está más allá del mundo. Ya os he hablado del ciego que se encuentra en un gran edificio de ochenta y cuatro apartamentos pero con una única salida. Entonces no para de dar vueltas y vueltas y, como no encuentra por dónde salir, siempre tiene que regresar al punto de partida. Aunque, desde cierto punto de vista, se puede considerar que el hombre está perdido, al mismo tiempo se puede considerar que se trata de un proceso de descubrimiento. En lugar de considerar que estamos perdidos, consideremos que estamos de viaje turístico.[8]

Sin embargo, la vida también se compone de cosas que suceden sin que uno se las espere. Muchas veces puede que estemos buscando algo sin éxito y que, de repente nos topemos con ello.

Posiblemente conocéis la imagen del buey o del burro con anteojeras y arnés, que camina y camina en círculos en torno a una piedra de molino para moler el trigo. El animal, después de pasarse todo el día caminando sin parar, se piensa que ha llegado muy lejos.

Pues lo mismo puede pasar con las personas, que caminan durante kilómetros y kilómetros con los ojos cerrados, haciendo siempre lo mismo pero que, en realidad, no avanzan nada y están siempre en el mismo sitio. Eso es como aquel dicho de: "¡No sé dónde tengo que llegar pero voy muy bien de tiempo!".

No cabe duda de que existen muchos caminos. La cuestión reside en cómo acertar con el que se escoge – con el que nos lleve a nuestra meta, el que nos permita cumplir con el destino de nuestra vida. La elección está en nuestras manos. En gran parte depende del concepto que nos hayamos forjado de la vida y de cómo nos hayamos programado. Nuestro desarrollo total se manifiesta en concordancia con la manera en que hayamos condicionado

---

8   Ver capítulo 25 "El regalo de ser humano"

la mente. Si observamos nuestra vida a vista de pájaro, nos daremos cuenta de que parte de ella ha sido predestinada; que muchas cosas no están en nuestras manos. Sin embargo, sí que hay otras que podemos controlar. Es parecido a nuestra casa, donde nosotros podemos controlar el diseño interior pero los cambios del exterior están sujetos a la normativa urbanística. La pregunta es si hemos sabido ocuparnos con destreza de las cosas que dependen de nuestro control.

La vida se compone de muchos aspectos. Ya hemos hablado de los tres *gunas*, de las cualidades de *sattva*, *rayas* y *tamas*; de las tendencias positivas y dinámicas, y de las negativas. Son cosas que no se pueden evitar, que nos acompañan todos los días. De nosotros depende cómo afrontarlas. Como ya he dicho, esta situación es comparable a la de mantener una casa. Si uno no se esfuerza por cuidarla y mantenerla en buenas condiciones, se irá deteriorando y acabará por derrumbarse. Debemos esforzarnos por cumplir con nuestras responsabilidades, dada la tendencia generalizada de apatía (*tamas*) que predomina en el mundo físico. De la misma forma que tenemos que esforzarnos por mantener nuestra casa en buenas condiciones, también debemos ocuparnos de nuestro bienestar físico y espiritual.

Podemos condicionar la mente de manera positiva o negativa, empezando con lo que comemos. No se requiere mucho esfuerzo ni tiempo para preparar una comida fresca y sana pero, desgraciadamente, puede que nos resulte más cómodo comprarnos alimentos precocinados que no hacen más que contaminar el cuerpo y afectarnos negativamente la mente.

¿Cuántos sentimientos son fruto de la ignorancia? Puede que, desde nuestro punto de vista, lo hayamos hecho todo bien pero, de repente, nos topamos con un "drama" desagradable y nos preguntamos qué habremos hecho para merecerlo. Puede que no hayamos hecho nada para que nos suceda tal cosa pero tenemos que experimentarla con todos los sentimientos y conmoción que conlleve. Sin embargo, si somos una persona equilibrada, adoptaremos la actitud del observador y no nos identificaremos con el drama que se esté desarrollando en nuestro entorno o en nuestro interior. Observemos simplemente cómo se desarrolla, sin participar de él. El poeta místico Kabir dice: "Me paseo por el mercado pero no compro nada". No tenemos por qué participar de ningún drama que se esté desarrollando fuera o dentro de nosotros. Nos podemos desapegar de él. Podemos siempre recordar el ejemplo de "El regalo de Buda".[9]

No tenemos ninguna obligación de participar de las crisis, los problemas o los dramas de los demás. Podemos aconsejarles – si es necesario o si nos lo piden – una vez y, entonces, desentendernos. No solo no sirve de nada involucrarnos en todo eso sino que, además, solo conseguiremos eternizar el drama. Tampoco nos ayuda ofendernos por algo que nos parezca un insulto, ya que no hará más que profundizar el conflicto y, con eso, no ayudamos a nadie. Cuando visitamos a alguien que está enfermo, no sirve de nada contarle lo malos que también hemos estado nosotros. Tenemos la opción de participar de la situación o no. Podemos optar por no involucrarnos en ningún conflicto ni pelea.

Sigamos por el camino de la positividad, que es el que nos conducirá a la plenitud. Puede que, externamente, nuestro sendero sea algo limitado pero, internamente, el periplo espiritual no tiene fin. Los viajes que se hacen en el mundo siempre concluyen en algún momento. Sin embargo, el viaje interior es infinito. Puede que el cuerpo esté vinculado con el mundo pero el Ser lo está con

---

[9] Ver capítulo 13 "Renovar la Felicidad" y capítulo 17 "Disfrutemos de la Belleza"

el Infinito, el cual nunca se termina.

Anteriormente hemos hablado de cómo encontrar la "técnica para vivir". El mayor don que uno puede recibir es el del conocimiento. ¿Qué puede haber mejor que un diagrama sobre cómo vivir lo mejor posible? Eso nos aporta una ventaja óptima siempre y cuando sepamos integrar dicho conocimiento a cada paso que demos en nuestro camino. Lo ideal es que, al final de nuestros días, no haya nada de lo que nos arrepintamos. Es importante que podamos revisar con sinceridad nuestra vida cuando se nos acerque el final:

- He vivido bien;
- No me arrepiento de nada;
- He abierto todas las puertas que se me han presentado.

Conviene que podamos concluir nuestra vida comprendiendo, plenamente, que hemos hecho todo lo posible por llenarla de felicidad y plenitud.

Cómo transformar los sentidos

La gente lee, escribe, piensa, escucha y habla mucho, a pesar de lo cual sigue tropezando en el momento de poner en práctica o de experimentar todo lo que ha estudiado. Al parecer eso es lo que más cuesta. Nuestra forma de comprender las cosas y todo aquello de lo que estamos convencidos, lleva tanto tiempo programada en nuestro interior que resulta muy difícil cambiarla. Existe un conocimiento místico y misterioso altamente entretenido, fascinante e, incluso, embriagador. Sin embargo, cuando se trata de aplicarlo en nuestra vida diaria, se esfuma como una cortina de humo.

Por regla general, la influencia del mundo exterior es tan fuerte que los beneficios de un seminario de fin de semana no suelen durar mucho, sobre todo cuando hay que enfrentarse a fuerzas negativas o "tamásicas". Los auténticos beneficios solo se manifiestan cuando conseguimos llevar a la práctica lo que hemos aprendido. Supongamos que tenemos un problema con Fulanito. ¿De qué nos sirve, entonces, ponernos a hablar con Menganito o Frutanito? Es mejor tratarlo directamente con la persona a quien atañe pero, desgraciadamente, la naturaleza humana se interpone y nos olvidamos de las enseñanzas. Con la inmensidad de conocimiento que tenemos a nuestra disposición, es muy pequeña la cantidad que realmente absorbemos o comprendemos.

Con frecuencia la gente pide que vengan más maestros a impartir enseñanzas, que estén disponibles. Pero ¿para qué? ¡Si ya tenéis más enseñanzas de las que os merecéis o de las que hayáis podido asimilar hasta ahora! Se comprende menos de un uno por ciento. Si somos incapaces de llevar algo que pese diez kilos, ¿cómo se nos ocurre plantearnos transportar cien?

En ocasiones, sucede que se nos escoge para realizar una tarea superior pero no lo alcanzamos a comprender porque nos sentimos confusos. No comprendemos que hemos sido elegidos para algo superior, para alguna misión especial y, como no lo conseguimos entender, es posible que dicha gran oportunidad nos pase de largo; que la perdamos porque somos incapaces de apreciarla y valorarla.

Por eso os digo: ¡Estad preparados! No os preocupéis de encontrar a un maestro. Es el maestro el que os encontrará cuando estéis preparados, como le sucedió a Narendra (quien más tarde se convertiría en Suami Vivekánanda). Lo único que podéis hacer es prepararos en la humildad. Cuando estéis listos, preparados y seáis seleccionados para el gran propósito, seréis muy afortunados. Pero en realidad, la preparación – la sádhana – es lo más importante para cualquier labor.

El buen estudiante siempre hace los deberes; se esfuerza por estudiar, por familiarizarse con la asignatura y por prepararse bien. Si uno es un vago y no quiere leer ni estudiar pero quiere pasar el examen de todas formas, ¿cómo lo va a conseguir? ¿Cómo podrá sacarse un título sin tener los conocimientos necesarios?

Eso solo se consigue cuando estamos preparados. La historia nos proporciona una inmensa cantidad de conocimientos. Se nos dan muchas herramientas, técnicas, instrucciones y ejemplos de gran validez, se nos enseñan muchas claves – pero nosotros seguimos olvidándonos de cuál es la clave adecuada. Si nos olvidamos de coger las llaves, no podremos abrir la puerta adecuada. Nos sentimos confusos, desilusionados y, al cabo de diez años o más, nos seguimos planteando las mismas preguntas.

No es nada fácil afrontar la complejidad del ser humano. Al ser humano se le da de maravilla hacer de lo más simple, algo muy complicado; crear conflictos, dramas y crisis; incluso guerras. Existe toda una plétora de dramas, crisis y problemas pero, ¿con qué fin? ¿Dónde radica auténticamente el problema? La vida debería estar llena de felicidad y alegría. El problema radica en cómo se perciben y comprenden las cosas. Todo es energía: el dinero, los pensamientos, las palabras, los regalos que le hacemos a alguien, la energía sexual ... todo es energía pero el ser humano no acaba de comprender qué significa realmente el término "energía". En la filosofía clásica de la India se describen tres categorías: *iantra*, *mantra* y *tantra*.

- *Iantra* es la representación de muchos símbolos en forma de diagramas que explican el misterio del cosmos de manera simbólica. Cada diagrama representa un aspecto distinto.

- *Mantra* es el poder místico en forma de semilla, con el que invocamos distintas energías, desde las más diminutas a las más extensas, mediante el sonido y la vibración. Tiene un inmenso poder porque lo que invoca es la energía cósmica que reside en nuestro interior, esa poderosa energía que subyace a todo, con el fin de sacarla al exterior. Existen millones de *mantras*, que se desarrollan y aplican según el nivel de desarrollo y crecimiento de cada cual.

- *Tantra* es la categoría más compleja. El *yoga tántrico* se compone de muchos aspectos, siendo el sexual simplemente uno más. Se basa en el principio de Shiva y Shakti – de *Purusha*, el principio masculino, y de *Prákriti*, la contraparte femenina. Todos somos una combinación del binomio Shiva-Shakti. Debemos ser conscientes de dicho principio en nosotros. La energía sexual nos puede ayudar a comprender y desarrollar el secreto del principio Shiva-Shakti. Son muy pocos los que lo comprenden e incluso menos aún los que lo quieren conocer. Desgraciadamente, la gente solo asocia el término "*tantra*" a la versión distorsionada, sin tener ni idea de lo que realmente representa. No comprenden ni su significado ni lo que implica – el misterio del principio sagrado, perenne y creativo de todos los organismos de la tierra.

Casi todas las civilizaciones y religiones han negado y prohibido la energía sexual al considerar que no se debía mencionar ni hablar de ella. Pero lo cierto es que es algo de lo que no nos podemos escapar porque lo llevamos dentro de nosotros y que desea manifestarse. ¿Qué sucede entonces? Que todo el mundo la utiliza pero de mala manera, abusando de ella, degradándola y estigmatizándola. La gente no aprecia realmente con qué está trabajando ni sabe cómo utilizarla. No es de extrañar entonces que, ante semejantes circunstancias, las auténticas prácticas *tántricas* hayan quedado sumidas a la clandestinidad porque, para comprender sus principios, primero tenemos que evolucionar lo suficiente.

Cuando una pareja sigue el camino del *tantra* de forma adecuada, pueden llegar a generar una energía tremenda, suficiente como para engendrar una alma muy evolucionada. Entonces, hasta el acto sexual se convierte en un acto divino y espiritual. Sin embargo, desgraciadamente, lo que mueve a la gente es el cuerpo, la conciencia física, el deseo y la lujuria mientras que el aspecto más maravilloso – en forma de puerta de entrada a una conciencia superior – permanece oculto. Así es cómo el acto sexual queda reducido a un acto meramente físico.

Son dos las cosas que han creado el desastre en nuestro mundo: el poder del sexo y el poder del dinero. Son dos cosas de las que el ser humano ha abusado una y otra vez a lo largo de la historia. Además de la crisis económica actual, la gente sigue teniendo una crisis sexual. El ser humano no sabe manejar la energía sexual. No solo comprende muy poco del tema sino que, además, muchas culturas han renegado o demonizado dicha energía al calificarla como algo "malo" y que no debería existir. ¡Menuda tontería! ¿Es que no se les ocurre pensar que sin la energía sexual no existiría la vida? Nosotros no habríamos nacido ni existiríamos en nuestro cuerpo físico. Sin embargo, se sigue renegando, distorsionando y corrompiendo el sexo hasta llegar al punto en que, si se quiere difamar o derrocar a alguien, no hay más que hacer correr la voz de que tiene una conducta sexual inadecuada o montar algún escándalo sexual para que la reputación de una figura pública quede instantáneamente destruida. Aunque lo normal sería que, a estas alturas, la gente ya se hubiera hartado de todo eso, sigue manteniéndose ese mismo concepto antiguo y corroído. ¡Avancemos, pues, y comprendamos realmente el misterio!

Ninguno de los placeres que se experimentan a través de cualquiera de los cinco sentidos es comparable al que se puede experimentar cuando conseguimos transformarlos porque, entonces, el resultado es la dicha absoluta. En el nivel inferior, experimentamos *sukha* (felicidad) seguido de *dukha* (infelicidad) – placer y sufrimiento. Sin embargo, con la transformación, el resultado puede ser *ánandam* (dicha absoluta) seguido de la liberación. En la antigüedad, en la India se enseñaba a la gente a transformar los sentidos para alcanzar una conciencia más elevada y, con dicho propósito, se construyeron ciertos templos que, más adelante, fueron destruidos por los invasores. Por ello, los conocimientos pasaron a la clandestinidad.

En el *tantra* no se prohíben los deseos sino que, más bien, se nos anima a comprenderlos y utilizarlos para desarrollarnos. Cuando uno consigue evolucionar por sí mismo, llega a un punto en que ya nunca puede retroceder, en que ya no vuelve a quedar atrapado en el ciclo de placer y sufrimiento. Mientras uno permanece atrapado en el nivel más bajo de los sentidos, se tienen sentimientos de culpabilidad, arrepentimiento, miedo e inseguridad. Si el sexo le aporta a uno todo ese sufrimiento, quizás le salga más a cuenta mantenerse célibe. Si el fuego nos quema, mejor que no nos acerquemos a él. Si queremos mantenernos fibrados y sanos, mejor no pasarnos comiendo por solo satisfacer nuestros sentidos. Lo trágico del ser humano es que nos gusta dejarnos llevar por los sentidos pero, al mismo tiempo, no queremos asumir nuestra responsabilidad al respecto porque resulta mucho más fácil echarle la culpa a otras cosas, hasta el punto de llegar a extremos tan absurdos como los que se pueden observar en algunos procesos judiciales actuales. Debemos decidir claramente qué es lo que queremos.

Lo importante es poder vivir libres de culpabilidad, de miedos, de inseguridades y de crisis personales. ¿Por qué nos empeñamos en hacer cosas que nos avocan a crisis o problemas? Nadie nos obliga a ello. Debemos analizar bien los motivos que nos mueven en esa dirección. ¿Qué es lo que nos incita a hacer algo? De hecho, no tiene realmente importancia lo que uno haga o deje de hacer. ¡El factor decisivo es qué es lo que nos motiva a hacerlo! Para el ser humano, el mayor problema de todos es saber manejar los cinco sentidos. Hay veces que la conducta del ser humano recuerda a una araña que, después de tejer su tela, queda atrapada en ella.

Lo único que nos indica cómo salir de este dilema es el auténtico conocimiento, con cuya guía, todo lo que hacemos se convierte en puro y sagrado. En la India se tiene por costumbre ofrecer los alimentos a la Divinidad antes de comerlos: "Son completamente Tuyos y los tomo en calidad de *prasad* – de regalo bendecido". De esta forma, comer se transforma en un acto sagrado.

Siguiendo este ejemplo, todo lo que hacemos se puede convertir en parte de nuestra *sádhana* si lo consideramos una ofrenda a la Divinidad. De esta manera, nuestras acciones encuentran plenitud a través nuestro y nosotros encontramos plenitud a través de ellas. Cuando caminéis, sentid que estáis caminando hacia la Divinidad. De esta manera, todo lo que hacemos – caminar, hablar, comer, charlar – se puede convertir en una ofrenda y en un instrumento para el crecimiento interior, lo cual nos libera de crisis, miedos e inseguridades puesto que todo lo que hagamos tendrá como fundamento los principios más elevados. Mantened viva la llama del fuego espiritual en vuestro corazón. No permitáis que nada de lo que hagáis os moleste ni os afecte. Todo lo que hagáis debe ayudaros a crecer y, cuando os apliquéis a ello, veréis los impresionantes resultados que obtenéis.

Cuando el discípulo se presenta ante el maestro, lleva simbólicamente consigo un *lota* vacío – una vasija metálica que se utiliza para sacar agua de un pozo, transportarla y beberla – y le dice: "Esto es lo que soy – una vasija vacía. Por favor, lléname de tu energía y tu sabiduría". No podemos presentarnos al maestro cargados de nuestras viejas ideas y condicionamientos si lo que buscamos es recibir el auténtico conocimiento, sino que debemos despojarnos de nuestros viejos hábitos para convertirnos en una vasija vacía capaz de recibir. Tenemos que vaciar nuestro cuerpo, mente y sentidos, y prepararnos para recibir la energía de dicha y felicidad con el fin de vivir nuestra vida en todo su esplendor, librándonos así de remordimientos, culpabilidades e inseguridades porque sabemos que, en nuestro interior, disponemos de esa gran fuerza espiritual y no tenemos nada que temer. Lo que a todos os aconsejo es preparación.

El principio de Shiva-Shakti está dentro de todos y cada uno de nosotros y podremos conseguir que se manifieste mediante la repetición del *mantra Om Namó Shiváia*. Aunque forma parte de nosotros, no somos conscientes de ellos y, por ello, no sabemos que nos estamos privando de un gran tesoro. Por eso es el maestro quien debe observar si estamos preparados o no, porque esa energía no se puede entregar prematuramente – solo cuando uno esté preparado. Aunque yo os diera esa grandiosa energía ahora, no estaríais preparados para soportarla ni comprenderla. Es muy importante que nos preparemos para ello, lo cual depende exclusivamente de nosotros.

Mientras tanto, atesora lo que ya tengas, quiérete y estate contento contigo mismo. No te crees crisis, culpabilidades ni inseguridades. No te hagas infeliz a ti mismo. Tenemos mil razones para ser felices. Es mucho lo que nos ha sido dado y tenemos mil razones para estar agradecidos, para disfrutar de la vida y vivirla en plenitud. No nos permitamos quedar atrapados en las nimiedades de la vida. Recuerda que eres tú, y no la duda y las inseguridades, quien tiene el control. Tenemos una libertad total. Tenemos el control de nuestro propio destino y de nuestra propia vida. Nadie nos puede convencer de que hagamos algo que no queramos hacer. Vive para alcanzar la meta superior. No devalúes ni degrades ese maravilloso regalo que te ha sido dado mediante pensamientos y conductas indignas de ti. Cuando consigas ver la Luz y el Amor en todo lo que hagas, entonces verás cómo te transformas.

Amanecer - Atardecer

Con frecuencia a la gente les recuerdo que, cuando anden buscando respuestas a los numerosos problemas de la vida diaria, se fijen en la Madre Naturaleza, que es una maestra maravillosa. En la naturaleza podemos encontrar la mayoría de las lecciones que uno necesita para vivir feliz y satisfecho. Pongamos por ejemplo los pájaros. Al atardecer, cuando se acerca la noche, dejan de cantar, de volar, de moverse en bandadas, y toda su actividad queda en suspenso. En cambio, cuando llega la mañana, se produce un alegre despertar repleto de trinos y silbidos y, en cuanto sale el sol, se reanudan todas las actividades.

El ser humano debería emularlos. Cuando nos despertamos, tenemos el cuerpo y la mente completamente listos para trabajar mientras que, por la noche, la mente comienza a relajarse por lo que, para ese momento, conviene escoger actividades que nos aporten calma y serenidad. Nuestro cuerpo y mente también deberían descansar igual que nuestros amigos los pájaros.

El ciclo de despertar y retirarse es constante. El sol naciente se convierte en símbolo de expansión y creatividad mientras que el del atardecer representa el retiro y el descanso, el cual también es el momento apropiado para que tanto la mente como los órganos del cuerpo se preparen para el descanso. Es el momento de profundizar en el Ser, de sumirse en la paz y la relajación para, de esta forma, poder aumentar nuestro control del cuerpo, la mente y los sentidos.

No hacer caso de estas tendencias naturales cenando copiosamente, conversando acaloradamente o haciendo actividades fuertes por la noche puede hacernos sentir ansiosos, irritables y tensos a la hora de acostarnos, con la mente plagada de pensamientos y cavilaciones que nos incomodan cuando lo que deseamos es descansar y dormir. Este tipo de actividades alteran por completo nuestro ciclo vital.

Todos sabemos que tenemos tres niveles principales de conciencia:

- conciencia de vigilia;
- subconsciente;
- inconsciente.

Sea cual sea el estado en que nos encontremos en un momento dado, la sensación es que los otros dos no existen. ¿Cómo saber qué estado de conciencia es real? A lo largo de las veinticuatro horas de cada uno de nuestros días experimentamos esos tres niveles. ¿Cómo determinar cuál de ellos es auténtico? A veces, algún elemento de un sueño que consideramos sin importancia puede ser de gran relevancia. Cuando estamos en el subconsciente, es decir, soñando, no queremos dejar de soñar, sobre todo si es un sueño bonito y, al despertarnos, lo que quisiéramos es regresar a él. Pero no lo conseguimos. Sin embargo, para nosotros, ese sueño era completamente real. Por eso, todos los estados de la mente son igual de importantes.

El ser humano tiene dos aspectos: el externo (*bahirang*) y el interno (*antarang*). Son pocas las personas que parecen darse cuenta de lo importante que es el aspecto interno ya que, cuando es fuerte y estable, se refleja también en nuestra vida exterior, de la misma forma que nuestros malestares internos también se manifiestan exteriormente.

Si nos pasamos la mayor parte del tiempo enfocados en lo externo, no nos quedará tiempo de nutrir nuestra vida interior. Como es natural, no podemos ignorar nuestro entorno ya que nuestra labor es aprender de él y afrontarlo. Sin embargo, nunca me cansaré de resaltar lo importante que es alcanzar un equilibrio entre ambos aspectos. Cuando uno no sabe cómo funcionan dichos principios, puede que desarrolle hábitos erróneos como ver cosas desagradables en la televisión por la noche, ya sean ficticias o de informativos. Si nos llevamos esas vibraciones a la cama, no es de extrañar que pasemos la noche inquietos y descansando mal.

Observar lo que le pasa al agua turbia después de removerla es una buena analogía puesto que, cuando la dejamos reposar, el barro cae de nuevo al fondo. Pues con la mente pasa lo mismo. Cuando los pensamientos se acallan, la mente se vuelve mucho más clara porque ya no está influenciada por esos pensamientos llenos de barro, de confusión y de líos.

El cuerpo físico se puede ver igualmente afectado por la noche cuando se cena algo pesado. Por la noche, todos los órganos del cuerpo reducen su nivel de actividad. En cambio, la comida pesada crea tensión en todo el sistema digestivo y en todo el cuerpo, lo cual, de nuevo, nos afecta también el sueño y nos hace estar dando vueltas y vueltas en la cama con la mente acelerada. Esto les sucede sobre todo a los que ya no son tan jóvenes. Un cuerpo joven se adapta mejor y puede soportar mejor el estrés que un cuerpo más maduro. Por eso, recordad: las comidas fuertes, durante el día.

Básicamente, el sistema físico es tan perfecto como el mental.

Sin embargo, en lugar de crear armonía en nuestro interior, lo que hacemos es que dicho sistema cree caos, lo cual se manifiesta en todo tipo de problemas, malestar y enfermedades. Por tanto, intentad seguir las leyes naturales de la armonía y del cuerpo, y la mente y los sentidos os lo agradecerán.

Lo que importa que aprendamos es a equilibrar ambos sistemas para que estén en armonía, lo cual es algo que nadie puede hacer por nosotros – no hay nadie ahí fuera que pueda equilibrar nuestro sistema. De ahí la gran importancia del auténtico conocimiento, el cual, a su vez, solo se puede recibir de un auténtico maestro. Al tener un auténtico maestro que nos imparta el conocimiento adecuado, y combinándolo con nuestra plena disposición a ponerlo en práctica, conseguiremos evitar muchos de los disgustos y problemas de la vida.

Se dice que, si nosotros damos un paso, el maestro espiritual da mil hacia nosotros, tal y como queda tan gráficamente explicado en la historia de "Vishnu y sus devotos".[10]

Sin embargo, si uno retrocede, el maestro simplemente se sienta a esperar. No sale corriendo detrás de nosotros sino que espera a que recobremos la claridad. Pero, aún así, basta con que nosotros demos un único paso para que él dé muchos más hacia nosotros. Son muy pocas las personas que se dan cuenta del infinito dividendo que podemos recibir de él.

Es necesario que nuestro sistema en su totalidad, a nivel físico, mental, psicológico y físico, se mantenga en equilibrio, algo que solo nosotros podemos procurar. Aunque exista la tendencia a echarle la culpa a los demás y a distintas circunstancias, tales como la infancia, somos nosotros los principales responsables. A

---

10 Ver capítulo "El juego de *Maia*" del libro *La Verdad Te Hará Libre*

menos que uno padezca un verdadero desequilibrio mental, la responsabilidad de mantener todo el sistema en equilibrio recae exclusivamente sobre nosotros. Como seres humanos que somos, hemos recibido la facultad de pensar pero, si no la desarrollamos ni aprendemos a utilizar dicho regalo, la culpa será nuestra. ¿Acaso se desentiende un artesano de sus valiosas herramientas? Cuando se practica la contemplación y la meditación con regularidad, se desarrolla el sentido del discernimiento que nos permite determinar qué es útil y qué es pernicioso. Basta con fijarnos en la naturaleza, donde todo funciona a la perfección – todo está equilibrado, si nos fijamos bien. A pesar de todos nuestros avances tecnológicos, el ser humano sigue dependiendo de los elementos de la naturaleza.

Basta con que nos fijemos en cosas como la nieve, la lluvia, las inundaciones, las sequías, las erupciones volcánicas y los terremotos para darnos cuenta de que el ser humano jamás será capaz de vencer ni de conquistar a la Madre Naturaleza – solo podremos ser amigos suyos. Quien comprende a la Madre Naturaleza puede comenzar a comprenderse a sí mismo. En la época védica, se consideraba que los cinco elementos (tierra, agua, fuego, aire y éter) eran lo más importante que existía porque eran un regalo de la gracia de Dios.

Por lo tanto, es de gran importancia que comprendamos la mente, que comprendamos nuestra vida mediante la aplicación de ese conocimiento, y para ello nos es de gran ayuda enfocarnos en nuestro interior. Una cosa muy beneficiosa antes de acostarnos es repetir un *mantra* y meditar un rato antes de sumirnos en el silencio.

Equilibrar Sol y Luna

En nuestro mundo hemos desarrollado dos sistemas cronológicos: los ciclos lunares y los solares. La cronología más antigua se basaba en las fases creciente y decreciente de la luna – dos semanas de luz y dos de oscuridad. Dos pares de dos semanas forman un mes lunar de veintiocho días. En sánscrito, la luna llena se llama *Chandramá* y es de género femenino mientras que *Suria*, el sol, se considera masculino y, a diferencia de los ciclos naturales de la luna, el calendario solar ha sido creado por el hombre. Por regla general, los calendarios indios son lunares ya que su ciclo es más exacto, aunque no siempre concuerdan con la visión moderna de las estaciones. Desde antiguo se ha considerado que el calendario lunar es una forma infalible de calcular el tiempo.

Desde el punto de vista de la tierra, el sol está lejos mientras que la luna está relativamente cerca. El sol es el centro en torno al cual gira la tierra, mientras que la luna, con su cualidad de protección, rota alrededor de la tierra haciendo las veces de escudo contra una sobreexposición a los rayos solares al actuar como una pantalla que bloquea la intensa luz y calor del sol a intervalos. La luna es la que equilibra el calor del horno que constituye el sol. Si solo existiera el sol, se produciría tanta deshidratación que la tierra sencillamente desaparecería. La luna es la gran fuerza equilibradora de nuestro planeta Tierra. La gente se toma la luna a la ligera al no darse cuenta de lo importante que es. Aunque estén lejos entre sí (375.000km), la Luna y la Tierra son interdependientes. Debemos siempre recordar que la vida, en su *totalidad*, es interdependiente.

El cuerpo físico y el sutil son interdependientes, conectados por la mente, el intelecto, el ego y las emociones. Todos son interdependientes e interactúan entre sí como parte de dicha relación simbiótica. Sin embargo, al ego del cuerpo sutil le gusta ser el jefe y sacrifica a sus socios del cuerpo sutil con el fin de tener siempre la razón, hasta el punto de llegar incluso a confiscar el cuerpo físico. Al no saber hacer otra cosa, el ignorante se sirve principalmente de su ego para competir con los demás de todas las formas posibles: mi cuerpo, mi casa, mi coche, mis logros, mi éxito. No es más que una manera infantil de presumir ante los demás. Es igual que las rivalidades entre vecinos, que se entrometen en los asuntos del otro e intentan siempre ser mejor que el otro. En todo el mundo, las relaciones entre vecinos resultan bastante extrañas. Dependiendo de los vecinos que nos toquen, nuestra vida puede ser tranquila o puede ser una tortura. Actualmente se ha llegado a tal nivel de intolerancia y de falta de consideración por los demás que, en casos extremos, puede desembocar en guerra – tanto entre personas como entre países.

Moisés sintió la obligación de aportar los diez mandamientos a su indómita tribu. Pero si nos fijamos bien, no son más que reglas sociales, de sentido común, que no necesitan de ninguna directriz divina, lo cual implica el bajo nivel de conciencia de la gente a la que van dirigidas dichas reglas. Moisés debió tener muchos problemas con los componentes de su tribu y, por eso, estableció esos mandamientos como directrices que provenían de Dios y, quien se las saltara, podía ser seriamente castigado. ¿Es que Dios es realmente tan primitivo como para crear algo tan común y corriente? ¿No sería de esperar que un edicto divino fuera realmente más profundo? ¿Necesitamos realmente recibir instrucciones divinas de conducta? Pues, al parecer, sí, especialmente cuando se toma algo más en serio si se dice que es en nombre de Dios.

El impacto siempre es mayor cuando se utiliza el nombre de la autoridad. Actuar "en nombre de alguien", para usurparle cierta autoridad, es una práctica muy extendida. No es extraño oír a alguien decir: "Dios quiere que haga tal cosa. Él me lo ha mandado". ¿Quiere eso decir que esa persona es íntima amiga de Dios y que Él solo le habla a ella? Eso no es más que una explotación descarada de la autoridad divina, fruto única y exclusivamente del ego. Pero el ego solo puede "exhibirse y fanfarronear" delante de alguien inferior. En ambientes en los que hay un poco más de éxito, de dinero, de reconocimiento, de poder o de abundancia, el alarde del ego se ve a la legua. Por todas partes, el ego, desprovisto de toda vergüenza y al desnudo, realiza su danza exhibicionista. El mundo que nos rodea nos juzga por lo que tenemos, no por lo que somos. Pero ese tipo de desequilibrio no conduce más que al desastre.

El auténtico *yogui* espiritual, el ser iluminado, no tiene ego alguno puesto que sabe que dispone de todo el poder. Durante la ocupación británica de la India, se dice que había un *yogui* que viajaba en un vagón de primera, una clase que, por lo general, estaba exclusivamente reservada a los británicos. Al llegar el revisor, el *yogui*, sonriente, no solo le enseñó uno, sino varios billete de primera. El revisor montó en cólera y ordenó que echaran al *yogui* del tren. Una vez el *yogui* estuvo en el andén, de pie y con una amable sonrisa, el tren fue incapaz de volver a arrancar.

Es una lástima que prevalezcan tanto en el mundo los egos

que disfrutan de despreciar a los demás. Afortunadamente, hay excepciones, incluso a veces en posiciones prominentes. Se trata de personas capaces de aportar algo de equilibrio en un mundo que, por lo demás, es egocéntrico.

Una famosa estrofa en sánscrito hace referencia a la enfermedad humana del ego: "¡Estúpido! Te enorgulleces de algo tan ridículo y, en cambio, te olvidas de lo que realmente tienes (*atma*). Vives sumido en la ignorancia de lo que realmente vale la pena conocer". Conocer nuestro propio *atma*, la Realidad suprema, constituye el más importante conocimiento y, todo lo demás, no es más que mera información.

Cuenta la leyenda que el rey Yánaka, después de soñar que era un pobre vagabundo en un bosque, al despertar de nuevo en su lujoso palacio, quedó completamente confuso y quiso saber cuál de las dos realidades era la auténtica: si la del sufrimiento del sueño o la del estado de vigilia en su palacio. Después de intentar que los hombres más "eruditos" de su reino le dieran la respuesta, fue el sabio Ashtavakra el que, finalmente, le demostró la futilidad de considerarse dueño y señor de aquellas tierras. Finalmente, cuando Yánaka le preguntó qué le quedaba para poderle entregar como ofrenda, Ashtavakra le dijo que solo había una cosa de la que se pudiera desprender: el ego, que es el que reclama el poder y proclama ser dueño de las cosas. Le dejó bien claro al rey que, cuando lograra olvidarse de su ego, la respuesta le quedaría bien clara. [11]

Mientras nos aferremos al ego, será él el que nos gobierne y nos tenga sometidos. Solo disfrutaremos de la claridad cuando consigamos ir más allá de él preguntándonos con sinceridad: "¿Quién soy yo?"

---

11 Ver *Stories, Tales and Anecdotes*

Existe un hermoso relato sobre cómo un demonio intentó humillar a Dráupadi en medio de una asamblea. Al intentar desnudarla, ella se defendió sujetándose el sari, pero su fuerza no era nada comparada con la del villano Dushásana, que era quien intentaba arrebatárselo. Dráupadi se sintió completamente desprotegida a pesar de estar en compañía de Bhisma, el gran protector y guardián de su clan, y de sus cinco poderosos esposos. Pero ni siquiera ellos podían protegerla. La mujer solo se salvó cuando buscó la intervención divina. En su extremo estado de desesperación, invocó a Krishna, el cual se apareció y, cuenta el relato, el sari nunca se acabó por mucho que aquel demonio tirara de él. ¡Al final, fue el demonio el que acabó agotado!

Entonces, cabe preguntarse: ¿Por qué no se apareció antes Krishna para, así, evitar que Dráupadi fuera humillada hasta semejante nivel? Al principio, ella creía que serían sus consortes humanos los que la socorrerían pero, finalmente, cuando se dio cuenta de que eso no iba a suceder, fue cuando imploró a Krishna, el cual se le apareció y la rescató.

La moraleja es que, cuando queremos ocuparnos nosotros de las cosas, tenemos que apañarnos nosotros mismos y somos los responsables de lo que nos suceda. Puede que busquemos ayuda por aquí y por allá pero quizás acabemos decepcionados y con la responsabilidad de lo que nos suceda. Mientras nos aferremos a nuestro propio ego, tendremos que gestionar nosotros las situaciones – hasta que aprendamos a desprendernos del ego para que, así, pueda manifestarse la intervención divina.

De la misma forma que el sol y la luna interactúan para crear un equilibrio saludable que permita que florezca la vida en la Tierra, nosotros también debemos equilibrar en nuestro interior nuestro propio sol y nuestra propia luna. Muchos habréis escuchado el dicho: "Como es arriba, es abajo; como es abajo, es arriba". Considerad, pues, que el sol es la Realidad suprema y la luna es la que modera y transforma, la que refleja los rayos del sol en nuestra conciencia para aportar equilibrio a nuestra vida.

Tenemos que equilibrar nuestro sol y nuestra luna. Para ello podemos meditar en el sol durante el día y, de noche, contemplar las cualidades de la luna.

Conexiones

Hoy llueve y hace viento. Todos hemos experimentado alguna vez días de lluvia y viento. ¿Quiere eso decir que los días de lluvia o de tormenta son malos? En absoluto. Simplemente, llueve y hace viento, ni más ni menos. ¿Habéis intentado sintonizaros alguna vez con ese tipo de energía, para ser conscientes del elemento "viento", para conectar con él? Cuando tengáis oportunidad, intentad enfocaros y sintonizar con la energía del viento; intentad conectar con el viento. Puede ser una experiencia interesante.

No siempre resulta fácil conectar con lo sano, lo que nos eleva, lo que favorece a la vida. Suele prevalecer la actitud de: "Para sentirme feliz, me tiene que salir todo bien". Pero así nos estamos olvidando de que la felicidad y el amor los llevamos siempre dentro de nosotros, en todo momento. La gran dicha y el conocimiento están en nuestro interior. Entonces, ¿por qué nos sentimos tan infelices, tan tristes y tan perdidos? En cierto modo, somos como un mendigo que está sentado sobre un gran tesoro pero que se pasa la vida suplicando unos céntimos. Se pasa la vida sentado y sumido en su tristeza, su pobreza y su penar hasta que se muere. Entonces, la gente viene a incinerarlo y, más tarde, cuando algunas personas vienen a recoger sus enseres, se encuentran un diamante bajo el colchón sobre el que el hombre se pasó la vida sentado. Pero la vida del mendigo transcurrió pendiente de las limosnas de los demás. Fue un hombre rico pero vivió como un mendigo porque nunca fue consciente de la riqueza que poseía.

De forma semejante, somos el símbolo de una gran dicha y plenitud. De lo contrario, no estaríamos vivos. Somos una chispa de esa luz que mantiene en funcionamiento todo el universo; de esa energía que mantiene vivas todas las estrellas, el sol, la luna y la totalidad del cosmos. Esa energía nos pertenece pero nosotros nos perdemos en negatividades como el ego, la arrogancia, la confusión y los deseos. Nos resulta muy difícil recordárnoslo. A veces, decimos: "No me apetece hacer tal o tal cosa". Sin embargo, para alcanzar la felicidad y dicha supremas, tenemos que mantenernos activos; tenemos que buscarlas para poder encontrarlas. Sintonizad con ese pensamiento. Llevad grabado que, cada día, al despertar, estaremos dispuestos a alcanzar algo grandioso. Decíos: "Hoy me voy a sentir pletórico; va a ser un día que me aportará inspiración y nuevo conocimiento, *saswath*, y cada día me va a aportar nueva felicidad". Si el día te aporta *saswath* – dicha eterna, siempre nueva y embriagadora – ¿cómo vamos a poder sentirnos deprimidos? Debemos recordar que el mundo se compone de los tres *gunas*, de las tres cualidades sutiles denominadas *sattva*, *rayas* y *tamas*. Cuando decimos que "no nos apetece" hacer una determinada cosa que sabemos que es positiva, que nos va a aportar inspiración, dicha frase es un reflejo del estado mental que tenemos en ese preciso momento – ya sea *rayas* o *tamas* – dentro de la conciencia colectiva del entorno en que nos encontremos entonces.

Ya sea un entorno positivo o negativo, nuestra frase está en concordancia con el entorno colectivo actual, con el que hemos sintonizado; y es imposible que un entorno determinado tenga una conciencia colectiva elevada – es la conciencia individual la que tiene la capacidad de ascender.

La conciencia colectiva es variable. Por ejemplo, cuando es época de elecciones, puede que nos guste un determinado candidato; que nos identifiquemos con sus "objetivos", lo cual quiere decir que ya somos algo más que "nosotros mismos". Al haber sintonizado con la vibración de dicho candidato (si gana, estaremos contentos; si pierde, estaremos tristes), ya nos es imposible mantener nuestra conciencia individual porque nos hemos permitido convertirnos en parte de la conciencia colectiva. No debemos olvidar que somos nosotros los que permitimos que nuestros sentidos sintonicen con la energía que prevalece en determinado momento. Por ejemplo, ¿habéis sido conscientes de la energía del viento que hacía hoy? ¿O más bien os habéis quedado sentados en silencio sin saber muy bien qué hacer? Si habéis conectado con la fuerza del viento, puede que hayáis experimentado cómo se manifiesta el viento. Pues entonces podemos intentar canalizar esa energía hacia nosotros para que complete nuestra vida.

En este mundo predominantemente material aparecen siempre muchas cosas: política, fútbol, un montón de juegos, los llamados "famosos" y muchas más cosas. Todas ellas tienen grupos de seguidores. Pero yo os planteo lo siguiente: ¿Qué significa para vosotros cuando sintonizáis con esas personas o con esas actividades? Lo cierto es que no os aporta absolutamente ningún beneficio, a pesar de lo cual todo el mundo está colgado de todas esas cosas y se compra revistas para enterarse de todos los cotilleos, se compra fotos, medallas y hasta lo que se suele llamar "accesorios religiosos". Pero todo gira en torno a personalidades, ya sean religiosas, políticas o del mundo del espectáculo. Decidme sinceramente: ¿En qué os beneficia todo eso?

Sin embargo, hay excepciones, como cuando conocemos a alguien que hace una labor extraordinaria o que nos aporta fuerza para cambiar nuestra vida hacia algo más positivo. Pero en los demás casos, ¿qué importancia tiene si viene una personalidad y todo el mundo se agolpa en torno a ella locos de admiración? Eso no es más que espectáculo. Puede que alguien se beneficie de eso a nivel material, de alguna manera pero, desde el punto de vista espiritual, ese tipo de situaciones solo nos puede empobrecer. Puede que queramos colaborar con todo tipo de causas o líderes pero, a la larga, si nos fijamos bien, nos daremos cuenta de que todo eso no favorece en nada a nuestra verdadera felicidad puesto que no se trata más que de entretenimientos transitorios. Sin embargo, cuando sintonizamos con alguien que ha conseguido algo maravilloso desde el punto de vista espiritual o incluso desde el real pero sin intención de enriquecerse, al menos eso sí que puede beneficiarnos de alguna manera. Básicamente no estoy hablando de los logros a nivel material sino desde el punto de vista de lo perenne, de lo que perdura y que es un reflejo de hasta qué punto hemos recibido inspiración. ¿Hasta qué punto sintonizamos con *Eso* y hasta qué punto hemos sabido aplicar ese conocimiento en nuestra vida? Lo que realmente importa es nuestra felicidad ya que solo podremos hacer felices a los demás si nosotros lo somos. Si nos sentimos infelices, no podemos ayudarnos a nosotros mismos y mucho menos al resto del mundo.

Con el fin de cumplir con su compromiso de crecimiento espiritual, hay personas que lo dejan todo y se retiran a montañas lejanas para alcanzar la iluminación. A veces, otras personas con menor conciencia pueden calificarlos de egoístas. Sin embargo, si uno no sabe lo que es la plenitud del conocimiento, ¿cómo va a poder ayudar a los demás? Quien esté sumido en la confusión y la infelicidad jamás va a poder ayudar a los demás. Solo puede aportar algo realmente distinto quien tenga una mente y una percepción claras, y que tenga realmente claro cuál es el significado de la vida.

En cualquier caso, la espiritualidad es un estado mental. Desgraciadamente, se desperdicia una gran cantidad de energía en los deseos. No nos podemos permitir comentarios del tipo: "Me apetece esto", o "No me apetece tal o tal cosa". El tiempo vuela. Puede que, al despertar cada mañana, pensemos: "Hoy no me apetece hacer prácticas espirituales". Pues muy bien. Deja que el tiempo vuele. ¿Quién sabe si tendrás una segunda oportunidad?

Todas las criaturas tienen un sentido innato del amor y la compasión, no solo el ser humano. Todas las criaturas tienen esa misma cualidad. Es algo que se puede observar cuando establecemos un vínculo con algún animal. No es algo que se aprenda en el colegio y los animales saben exactamente cómo expresarlo. Todas las criaturas tienen un impulso por cuidar de su prole, llamémoslo cariño, compasión, alegría o felicidad. Pero, en esencia, es una cualidad innata.

Pero, además de esto, el ser humano ha recibido la capacidad de pensar y de discernir. Pero cuando esta capacidad pensante no se utiliza para contemplar y meditar, se cae incluso por debajo de las demás criaturas. Los animales siguen sus instintos y lo hacen todo instintivamente. El ser humano tiene intuición e instinto pero, si no utiliza la intuición, ¿cómo se va a poder comparar ni tan siquiera con los animales, que suelen ser bastante más disciplinados?

Es cierto que el ser humano tiene una búsqueda – que piensa en la vida, en la muerte y en la felicidad; que piensa en la muerte y en el nacimiento, que piensa en el amor… ¿pero qué hace al respecto? Está muy bien plantearnos todas esas cosas pero ¿qué hacemos con esa contemplación? La mayoría de la gente solo flota como las olitas del mar, sujetas a cómo las mueva el viento

– flotan en el mundo, sujetas a lo que dicte el entorno en que se encuentren. Los tres *gunas* fluctúan constantemente. Como individuos, nuestra obligación consiste en no perdernos, en no perdernos en los deseos porque, a la larga, cuando nos sintamos desesperados, de nada nos va a servir tener una casa, un súper coche o ser famosos. ¿Qué nos puede salvar entonces? ¿Nos esforzamos lo suficiente para alcanzar una verdadera plenitud? ¿Qué tiene importancia para nosotros? Muchas veces animo a la gente a que hagan *sátsang*. Y bueno, hacen uno, quizás dos pero, entonces, pierden todo interés. No tienen constancia. ¿Cómo puede uno cansarse de la verdad, del amor y de la felicidad? No debemos nunca cansarnos de esas maravillosas cualidades.

En el mundo hay muchas cosas que no están bien pero es imposible cambiarlas. ¿Qué podemos hacer a nivel individual? A pesar de que haya tanta confusión en el mundo, cada cual tiene su propia fuerza, su propio poder individual. Si no se puede cambiar el mundo, ¿cómo se va a poder cambiar a otra persona a menos que esa persona quiera que la cambien? Mucha gente lleva décadas dedicándose a la negatividad. Llevan toda la vida sumidos en la negatividad. La constitución de los Estados Unidos afirma, acertadamente, que la búsqueda de la felicidad es un derecho constitucional. Pero es que también es una ley universal y un derecho de todos por el hecho de haber nacido. Sin embargo, hay gente que parece que se dedican a buscar la infelicidad. Quizás es que tengan como misión destruir, odiar, atacar o difamar a los demás.

Con frecuencia, las dos principales herramientas para distorsionar y engañar son el dinero y el sexo. Es un panorama completamente descontrolado. La mayoría de las religiones, ya sea el cristianismo, el Islam o el judaísmo, tienen una opinión negativa del sexo. ¿Cómo se puede condenar el sexo cuando constituye el mismísimo principio de cualquier forma de vida? La filosofía del *tantra*, que prácticamente nadie comprende hoy en día, es de hecho la filosofía de la vida, de cómo comprender la creación. Por esa razón, en la India el *shivalíngam* es un símbolo tan venerado – Shiva y Shakti. Esa maravillosa filosofía de la creación ha sido, repetida y deliberadamente, víctima de distorsiones, humillaciones, insultos y malas interpretaciones. El ser humano ha tomado por costumbre utilizar el dinero y el sexo como arma de destrucción mutua porque no entiende lo que significan. Aunque tanto el dinero como el sexo son formas de energía, nadie consigue comprender su valor y esta sociedad actual que se las da de tan sofisticada en realidad es la menos sofisticada y civilizada de todas.

La gente tiene mucho que aprender. Sigue habiendo guerras, sigue existiendo la pobreza y sigue habiendo enfermedades. No estamos en una edad dorada. Esto es otro mundo – es el mundo de *Maia*, de lo ilusorio. Pensemos en lo que las personas se llegan a hacer los unos a los otros, cosechando también después las consecuencias de sus acciones en este espejismo de universo. ¿Os habéis parado a pensar qué quiere decir "ilusorio"? Quiere decir que no es verdadero, que no existe, que es un espejismo. El espejismo es que existe la muerte, pero no nos damos cuenta de ello. El espejismo es que creemos que determinado objeto es nuestro cuando en realidad nada nos pertenece. El ego y los deseos son nuestro espejismo. La totalidad del mundo que nos hemos creado es un espejismo. Entonces, ¿qué nos queda que sea realmente nuestro y que nos podamos llevar? Nuestra propia conciencia. Nada más. La gente se suele aferrar a esos espejismos e identificarse con ellos. Fijaos en la cantidad de bodas que se producen en el mundo. La mayoría son falsas, no se basan en nada real, no son más que un mero arreglo de convivencia por conveniencia. El matrimonio no es algo caído del cielo y de eso se dan cuenta las personas cuando les toca vivirlo y soportarlo aquí en la tierra. Ni que decir tiene que no queremos, con esto, despreciar el significado del matrimonio en su forma más positiva.

El amor es como un manantial que siempre mana agua nueva. Es una energía inagotable. ¿Somos capaces de mantenernos en ese nivel de amor? Para eso hay que evolucionar. Solo se puede saber qué es realmente el amor cuando se alcanza un nivel de conciencia más elevado – y entonces se sabe también cuál es nuestro camino personal.

Por ejemplo, Jesucristo dijo: "¿Queréis que muera? De acuerdo, moriré". Él conocía su destino y sabía perfectamente lo que hacía. Esa frase que supuestamente dijo y que tantas veces se ha citado, en la que le implora a Dios: "¿Por qué me has abandonado?", contradice totalmente la divinidad de Jesucristo. Él no estaba loco ni confundido. Él sabía perfectamente qué camino había escogido. Son los tontos los que no lo saben pero el auténtico sabio conoce con precisión hacia dónde conduce ese camino y solamente lo emprende cuando sabe dónde va a llegar.

De ese mismo modo, ¿por qué debemos sentirnos confusos? Estamos en este mundo para ser felices y para amar. Si no sabemos hacerlo, tenemos que aprender a amar y a ser felices. Para eso están las enseñanzas. Para eso tiene lugar la manifestación de la Divinidad de vez en cuando y en distintos lugares.

El amor está en nosotros pero no nos damos cuenta. Es como una energía durmiente. La energía durmiente es como una fogata. Se va apilando la leña, se prende el fuego y, cuando se ha consumido toda la leña, parece que se ha apagado el fuego. Pero en realidad no es así porque, debajo de las cenizas, siguen esas brasas brillantes que pueden reavivar el fuego. De forma semejante, tanto el amor como la vida eterna están adormecidas en nuestro interior. Solo tenemos que volvernos conscientes de ello. Es algo que nos han repetido una y otra vez y, por lo tanto, esa frase de : "Hoy no me apetece meditar o amar" no es más que un pensamiento que nos hace bajar de ese estado más elevado. ¿Cómo podemos haber estado expuestos a lo Supremo y habernos salido de esa energía? Es algo parecido a un día soleado en el que, sin embargo, nosotros decidimos quedarnos en casa con las puertas y ventanas cerradas – no nos llegará ni el aire fresco ni la luz solar. Pero el sol no va a dejar de brillar porque nosotros hayamos cerrado las ventanas. Cada vez que cerremos las puertas y ventanas a la energía superior, caeremos a un estado anterior. Nuestra labor consiste en mantener la ventana abierta. Es nuestra responsabilidad, es nuestro *karma yoga*. Intentemos no perdernos en nuestro ego y en nuestros pequeños deseos para no quedar atrapados en nuestro propio pequeño mundo. Tenemos que crear un mundo maravilloso en nuestro interior. El mundo está ahí para que lo disfrutemos y está a nuestro alcance.

Si nos dejamos llevar por las fluctuaciones de los *gunas*, parecidas a las de los mercados de bolsa, experimentaremos la misma inestabilidad – feliz un instante, triste al siguiente. Si queremos que nuestra vida tenga consistencia, tenemos que crearnos nuestro propio mundo individual. Puede que el mundo esté plagado de contradicciones pero eso no quita para que siga siendo un mundo muy hermoso. Ya que todos somos la Divinidad en potencia, no hay razón para que no sintonicemos con nuestra propia divinidad.

Al mismo tiempo, debemos ser conscientes de la letargia inherente; de la letargia de nuestro ego y de cómo postergamos las cosas, lo cual nos impide ver la verdadera luz. Para introducirnos en un entorno de energía superior, tenemos que evolucionar. Para poder dirigirnos al sol, tenemos que desarrollarnos y crecer hasta que podamos soportar la intensidad de la energía solar. Tenemos que convertirnos en algo parecido al sol y resplandecer.

Si la gente no está realmente preparada para recibir esta energía, no siempre es útil prestarles más tiempo y atención. Cuando alguien no está preparado o evolucionado como para comprender y apreciar la gracia divina, no le será útil. Es importante que nos preparemos para alcanzar todo lo que podamos en esta vida. Está en nuestras manos. No esperemos a que los demás lo hagan por nosotros. No es así como funciona. La única manera es que nos preparemos y que nos esforcemos por estar a punto y, entonces, recibiremos aquello a lo que aspiramos. Pero tenemos que estar preparados para ello.

Hay personas que fingen ser espirituales y que necesitan ayuda para alcanzar sus objetivos ocultos pero el juego de *Maia* acaba dejando bien claro qué tipo de personas son y qué es lo que buscan.

Esto me recuerda una historia. Había un *yogui* que estaba sentado en el bosque meditando cuando, de repente, apareció un ratoncillo que, con gran espanto, pegó un salto y se ocultó, tembloroso, en el regazo del *yogui*, desde donde se quedó mirando fijamente al gato que tenía justo delante. El *yogui*, sumido en meditación, miró de reojo a la pobre criatura y le dijo: "Ratoncito, conviértete en gato". ¡Y, de inmediato, el ratón se convirtió en un gato – un gato enorme! Al verlo, el otro gato salió despavorido. El nuevo gato se fue y estuvo feliz unos meses paseándose por el bosque. Al cabo del tiempo, el *yogui* volvía a encontrarse en meditación y el gato vino a sentarse a su lado. De repente, al mirar hacia un lado, pegó un salto del miedo que le entró al ver que había un perro enorme con la mirada clavada en él. Al percibir las vibraciones de miedo, el *yogui* salió de su estado, abrió un ojo, vio al perro y al gato tembloroso, y le dijo: "Vale, gatito, ahora conviértete en perro". Así que el gato se convirtió en perro, un perro enorme y gruñón. El otro, al verlo, metió el rabo entre las piernas y se fue corriendo. Todo quedó en paz en el bosque.

Al cabo de cierto tiempo, estaba una vez más el *yogui* sentado en meditación con el perro tranquilamente a su lado, durmiendo. De repente, se oyó un tremendo gruñido. El *yogui* salió de la meditación, abrió el otro ojo y vio que el perro estaba temblando de miedo en su regazo porque, justo delante, había un león. "Vale", dijo el *yogui*, "conviértete en león" - y en un león se convirtió.

Así, el ratoncillo del principio empezó a pasearse alegremente por el bosque con su cuerpo de león, sin temerle a nada. Disfrutó de una buena vida hasta que, un día, se encontró con otro león, el cual se echó a reír y le dijo: "¡Ja, ja, ja! Tú no eres un león de verdad, como nosotros. No eres más que una fabricación de ese *yogui*".

Eso enfureció al nuevo león, y pensó: "El *yogui* ese tiene la culpa de todo esto por haberme convertido en león. Yo estaba disfrutando de ser un león y ahora resulta que me desafían. Voy a tener que arreglar esta situación y deshacerme de ese *yogui*. Cuando no me vea nadie, iré y lo mataré porque, mientras exista ese *yogui*, todos sabrán que no soy un león de verdad".

Sigilosamente, el león se acercó al *yogui* que seguía meditando. Justo cuando estaba a punto de lanzarse sobre él, el *yogui* abrió los dos ojos y, al ver que el león le iba a atacar, simplemente, le dijo: "¡Eh, hijo mío! Vuelve a ser un ratón". (Y eso fue lo que pasó y es el final de la historieta así como el final del ratón – porque el otro león, el de verdad, se lo comió de un solo bocado).

Cuando la gente viene a verme con toda una variedad de deseos, ¿cómo pueden soportarlo? Por ejemplo, cualquier ambición es una energía muy potente. ¿Cuánta gente es capaz de soportar esa energía? Esta historieta del ratón que se convierte en león sirve para ilustrar que no siempre es buena idea darles poder a los que no están preparados para ello. De hecho, puede resultar contraproducente. En cambio, recordad siempre que todo lo que ya tengáis son herramientas que os pueden ayudar pero no las poseéis. No os proclaméis propietarios de las bendiciones que os hayan sido dadas. Tenéis todo el derecho a ser felices y a avanzar por un camino de felicidad; y, de esa manera, también podréis ayudar a otros a serlo también y a ser humildes. Para ello habéis recibido gran cantidad de medios y de oportunidades. Sed conscientes de la gracia y de las bendiciones que se os ofrecen al daros la oportunidad de crecer y de sintonizar con la positividad.

El regalo de ser humano

Según la astrología hindú, todo el mundo tiene una cualidad animal predominante, ya sea del perro, del gato, del león o del ratón. Pero todo el mundo tiene alguna cualidad que corresponde a un animal determinado. En la India, cuando se va a organizar una boda, la tradición recomienda que se analicen las influencias animales de cada uno de los miembros de la pareja para ver si se complementan.

Los animales son unas criaturas fascinantes. Ya hemos hablado del gorjeo de los pájaros, que a veces recuerda al guirigay que se forma cuando hay un montón de gente. Aunque, por regla general, parece que los pájaros se comunican pacíficamente, hay excepciones. Algunas aves son muy agresivas. ¿Habéis visto alguna vez unos cuervos persiguiendo a un halcón? Los cuervos no le dejan en paz hasta que el halcón vuela tan alto que no le pueden seguir. Fijaos en algo tan interesante como las migraciones. Unas criaturas tan pequeñas y aparentemente frágiles se pasan el día volando con un instinto y una fuerza infalibles. Al parecer, los pájaros tienen incorporado una especie de sistema de GPS. Pero es algo que hacen instintivamente, porque forma parte de su código genético.

Los animales no tienen una mente como la del ser humano. Nosotros podemos pensar todo lo que queramos, cualquier fantasía que se nos ocurra sin limitación alguna. Se nos ha dado ese don de poder sentarnos en un sitio y fantasear sobre cualquier cosa, ya sea que si somos un rey o una reina, o alguien famoso o no famoso. Nuestros pensamientos no tienen límite. Hasta se pueden cometer crímenes mentalmente sin que haya castigo. En resumen, tanto si se tienen pensamientos sublimes como burdos, tanto amables como malvados, no existe ningún límite. Podemos crear amor, odio y todo lo que queramos. El ser humano es el único que tiene este don. No hay ninguna otra criatura en todo el cosmos con este don – y depende de nosotros cómo lo usemos. Pensar también implica responsabilidad porque no olvidemos que hasta nuestras fantasías pueden afectar a nuestro estado de humor, a todo nuestro ser e, incluso, a lo que hagamos.

Como ya he dicho, ninguna otra criatura del cosmos tiene este don. En este planeta existen ocho millones, cuatrocientos mil tipos de criaturas, cada una con sus propias características.

Para que surja la vida, se consideran esenciales cuatro distintas categorías: seres humanos, animales, plantas y rocas. Sí, rocas. Dependiendo del *karma* y del nivel de desarrollo que se tenga, existe la posibilidad de tener que volver a pasar por la totalidad de los ocho millones, cuatrocientas mil formas de vida. El género también puede cambiar, ya que el alma no tiene género puesto que eso es tan solo una característica corporal.

Ya he comentado antes la analogía del ciego que va deambulando por un edificio con ochenta y cuatro puertas pero que es incapaz de encontrar la que corresponde al ser humano. La vida humana es la única forma en todo el cosmos en la que se puede acumular *karma*, tanto bueno como malo. La vida humana es la puerta para la liberación. En todas las demás formas de encarnación, el *karma* solo se puede consumir – hay que completar el tiempo de vida que haya sido otorgado, ya sea como perro, gato, ratón o cualquier otra forma, tanto si es en la Tierra como en otra parte. La vida humana es la única oportunidad para ascender o para caer; para liberarse y alcanzar la iluminación o para condenarse.

Antes de la iluminación existen distintas opciones, algo comparable al sistema de puntos de los viajeros frecuentes de las compañías aéreas. Se pueden canjear por tal o cual cosa, para ir a tal o cual restaurante; o se pueden ahorrar para volar en el futuro.

Digamos que hemos acumulado un montón de buen *karma* por haber hecho muchas cosas buenas, por no haber hecho nada malo, pero aún no reunimos suficientes "puntos" para la iluminación. Se dice entonces que, al morir el cuerpo y presentarnos ante el Juicio Final, se nos dan dos opciones:

O bien podemos volver a nacer como ser humano en una familia espiritual y privilegiada que nos ayudará a evolucionar más; o podemos ir al "paraíso/cielo" para consumir todo nuestro buen *karma* allí, donde se cumplen todos y cada uno de los deseos que se tengan. Sin embargo, cuando se hayan terminado todos los "méritos", hay que regresar de nuevo al inicio de todo el ciclo.

Por tanto, con eso nos podemos dar cuenta de que la vida humana tiene un altísimo valor ya que es la única salida al ciclo de nacimientos y muertes. En la *Bhágavad Guita*, Krishna dice que hay una excepción a la regla general: "El que piensa en Mí en el momento de la muerte, viene a Mí".

Cuenta una anécdota que un hombre, al enterarse de esto, pensó: "¡Pues qué bien! No tengo que agotarme acumulando buen *karma* siempre y cuando piense en Krishna cuando me vaya a morir". Así que decidió que podía hacer todo lo que le apeteciera y se le ocurriera. En primer lugar, se aseguró de poner a todos sus hijos nombres de deidades como Krishna, Rama, Sita, Guita, etcétera. De esta forma, estaría tan acostumbrado a llamarles por su nombre divino que, en el momento de la muerte, le surgiría de forma natural. Pero como también era un hombre de negocios, le daba mucha importancia a su trabajo. Finalmente, cuando se le acercaba la última hora, llamó a todos sus hijos – Krishna, Rama, Vishnu, Sita, Guita – y, al verlos a todos reunidos, les dijo: "¡Pero qué tontos sois! Si estáis todos aquí, ¿quién se está ocupando del negocio?" – y se murió.

Desgraciadamente, muchos creen que no hace falta pensar en la espiritualidad mientras se es joven; que ya habrá tiempo cuando uno sea mayor. En primer lugar, es importante tener presente la espiritualidad. Voy a poner como ejemplo un dulce indio que se llama *gulab yamún* – una deliciosa especie de buñuelos de masa de harina fritos y remojados en sirope. El sirope empapa el buñuelo por completo, lo que lo convierte en un postre delicioso. Pues al igual que ese *gulab yamún*, la mente debe empaparse de espiritualidad tan pronto como sea posible para poder rebosar de su "dulzura". Si se deja escapar esa oportunidad durante la juventud, puede resultarnos difícil ponernos al día después. Hay muchas personas que, al hacerse mayores, se obcecan con nimiedades y son muy infelices. Aunque lo lógico sería que los miembros más mayores de la sociedad gozaran de más sabiduría, serenidad, paz y calma, desgraciadamente no suele ser así.

Según la filosofía védica, la vida humana se divide en cuatro fases, cada una de veinticinco años: veinticinco años para estudiar y aprender las filosofías de la espiritualidad, que son la preparación para las siguientes fases; otros veinticinco años de matrimonio, criando la familia y aplicando los principios espirituales. Esta fase va seguida de otros veinticinco años de desapego de las posesiones, retirado de las actividades externas aunque adoptando el rol de mentor y maestro espiritual de la familia. Finalmente, los últimos veinticinco años son para dedicarlos a *saniasa*, es decir renunciar a todas las cosas mundanas para dedicarse a la contemplación y a la meditación en la Divinidad.

Si nos fijamos en la generación de nuestros mayores, ¿cuánta gente se interesa por cuestiones espirituales? La mayoría están sumidos en todo tipo de actividades materiales y de diversión, en un intento de revivir la juventud y muchos incluso en busca de sustancias químicas que les permitan mantener su vigor sexual. ¿Qué tipo de conciencia refleja eso? Pues que todo nuestro sistema está patas arriba.

La iluminación es el logro supremo de la vida humana pero la gente parece tomarse la vida muy a la ligera. La iluminación es un proceso que abarca toda la vida e, incluso, puede que no baste con una encarnación. A menos que hayamos enfocado nuestra vida en ese sentido, resulta muy difícil alcanzar ese nivel de conciencia porque hay que atravesar muchos procesos así como superar los instintos animales.

Como dije al principio, como seres humanos que somos tenemos el don del instinto y de la intuición pero, por alguna razón, es como si mucha gente no utilizara ninguno de los dos. Si nos sirviéramos de ambos dones con sabiduría, podríamos afrontar la vida con mucha mayor facilidad y sencillez. En cierto modo, los animales lo tienen más fácil porque no están corrompidos por la estupidez humana. En cambio, el ser humano está sometido a un constante bombardeo de artilugios externos que le impiden utilizar su instinto y su intuición. Puede que hagamos algo influidos por los medios de comunicación o por nuestras amistades a pesar de que nosotros sabemos que no nos conviene. Las fuerzas del exterior, ya sea en forma de alimentos, moda, idioma o conducta, son muy poderosas. Estos maravillosos dones del instinto y la intuición se nos dan para que evolucionemos y para alcanzar la plenitud de nuestro potencial.

Cómo mantener la confianza

Quizás os suene el término *Ganga Asnan*, una práctica que consiste en darse un remojón en el río Ganges. Cuando la gente llega a Rishikésh, después de remojarse en el Ganges salen sintiéndose renovados, con una conciencia más elevada, más puros y santificados. De forma similar, la mayoría de vosotros habéis hecho un tipo de *Ganga Asnan* al "daros un remojón" en el conocimiento sagrado. Es importante que recordemos el conocimiento que se nos ha dado y que lo apliquemos a la vida diaria para que podamos sentir constantemente esa energía y conocimiento.

Existen dos tipos de conocimiento: el conocimiento de la vida y el conocimiento de la información que tiene la gente. El segundo tipo es el más corriente. Además, aquellos que tienen mucha información deben soportar el lastre de tantos conocimientos si no consiguen aplicarlos, implementarlos o experimentarlos. Por otro lado, están los que aplican en su vida el auténtico conocimiento, con lo que implementan un conocimiento vivo que les aporta plenitud. Solo podemos beneficiarnos del verdadero conocimiento si conseguimos implementarlo en nuestra vida de cada día.

Debemos tener presente el conocimiento que se nos da y aplicar su esencia en nuestra vida diaria. Pero, además, debemos estar convencidos de nuestro camino y confiar en que estamos haciendo lo correcto, que nuestras prácticas son las adecuadas y que nos van bien para el cuerpo, la mente y el alma. No permitáis que nadie os confunda ni os desoriente; que os haga dudar con sus comentarios desagradables, negativos y ofensivos; ni que cuestione vuestro compromiso con el camino espiritual o vuestro nuevo y sano estilo de vida. "¿Por qué haces todo eso? ¿Por qué te has metido en esas cosas de la India? ¿Por qué haces eso tan raro del *yoga* y la meditación? ¿Por qué te has vuelto vegetariano/a?". La gente que te diga esas cosas no hace sino demostrar su profunda ignorancia porque, cualquiera con auténtica inteligencia, lo que haría sería plantearse el por qué e indagar e intentar informarse antes de hacer semejantes comentarios. Por muy importantes que esas personas puedan ser en sus propios ámbitos, por muchas carreras que hayan hecho, son víctimas de una "ignorancia erudita".

Meterse con las creencias y estilo de vida de los demás sin saber nada al respecto es lo que se llama "tener prejuicios". ¿Qué quiere decir el término "prejuicio"? Juzgar antes de conocer; intentar juzgar algo o a alguien antes de conocerlo o, incluso, antes de ni siquiera intentar conocerlo.

Debéis estar seguros de vosotros mismos y saber responder. Por ejemplo: "Yo no te pregunto por qué bebes ni me meto con tu forma de relacionarte con los demás. ¿Por qué te metes entonces conmigo? Ocúpate de tu vida que yo me ocuparé de la mía".

Hay que ser fuertes para contestarle a la gente y debemos tener confianza en nuestras propias creencias. No tenemos por qué ser tímidos ni por qué tener miedo ni sentirnos avergonzados. ¿De qué os avergonzáis? Planteároslo.

Los ignorantes son los que critican y cuestionan lo que hacen los demás y es porque no han saboreado el fruto, porque no saben lo que se están perdiendo. En cambio, vosotros ya habéis probado otros estilos de vida, habéis avanzado y os habéis involucrado en una búsqueda más elevada de una plenitud superior; habéis abandonado vuestros viejos hábitos porque habéis encontrado algo mejor.

Hay gente que dice que todo esto no forma parte de su cultura, de su tradición o de su religión; que no es algo que conozcan o a lo que estén acostumbrados. Esas personas deberían plantearse realmente lo que dicen. Por ejemplo, ¿qué quiere decir que algo no es "americano"? América es una tierra de inmigrantes y de nativos, con unas enormes diferencias culturales. Entonces, ¿cuál es el modelo a aplicar? La gente que dice cosas así de ignorantes basándose en cuestiones de nacionalidad, raza o creencia son los causantes del indecible sufrimiento que hay en el mundo a causa de persecuciones y guerras.

La verdad está en todas partes. Si uno quiere que solo valga lo que él dice, no puede proclamarse dueño del sol, del agua y de la lluvia, ni pertenecer a ningún grupo ni nación. La gente está acostumbrada a vivir en su mundo minúsculo, sin tolerar nada que se salga de su círculo. Uno se puede identificar con una nación en particular o se puede considerar hijo de la Madre Naturaleza, la gran Madre universal. Sin embargo, el ser humano ha compartimentado a la Madre Naturaleza en innumerables parcelas delimitadas, con distintas lenguas y con limitación de movimientos para sus habitantes. Por lo tanto, todo está repartido. La tierra está repartida y nosotros estamos repartidos, con la mente y el corazón repartidos. El resultado de todo esto puede ser desastroso. La Madre Naturaleza nos ofrece lo mejor así que intentemos integrar en nuestra vida lo que sea mejor para nosotros.

Hay una historia que ilustra muy bien las consecuencias de

tener una visión limitada al esforzarse por hacer *seva*, por servir al Maestro. Es muy importante hacer *seva*. Sin hacer *seva*, no es posible purificarnos, lo cual es el primer paso preparatorio para recibir el conocimiento. No podemos acercarnos al gran Maestro. Esta historia se refiere a ese tipo de situación.

Había un *Guru* que tenía dos discípulos y los dos querían servirle cocinando, lavando, limpiando y haciendo todas las tareas del hogar considerándolas *Guru seva*. Desgraciadamente, no existía la armonía que cabría esperar entre dos "hermanos de *Guru*" ya que sus opiniones siempre estaban encontradas y las peleas eran diarias.

Como esta situación ya duraba mucho tiempo, el *Guru* se acabó hartando y les dijo: "¡A ver, vosotros dos! Sé que lo hacéis con mucha dedicación y que queréis hacer *seva* pero no está nada bien pelearse por el *seva* porque va justamente contra su misma esencia. El *seva* se debe hacer con alegría en el corazón y con ánimo de cooperación, pero no rivalizando y compitiendo el uno con el otro. Así que tenéis que dejar de pelearos. He decidido repartir el *seva*, quién va a hacer qué, y esperemos que así haya paz en el *áshram*".

El *Guru* se encargó de repartir hasta las tareas más básicas: "Tú haces el desayuno; tú la comida; tú la cena; tú te encargas de la colada y tú de limpiar las habitaciones". Así lo fue repartiendo todo hasta que solo quedó un *seva*: ¿quién iba a darle masajes de pies al *Guru*? Los dos querían hacer ese *seva* tan especial.

Como el *Guru* se dio cuenta de que sus discípulos iban a pelearse otra vez, les dijo: "Vale, pues cada uno que se encargue de una pierna". Después de unos momentos de vacilación, la decisión pareció ser del agrado de ambos discípulos.

Daba la sensación de que la situación se había arreglado porque cada discípulo hacía lo que le había sido asignado y había paz – relativamente. Sin embargo, un día sucedió que el discípulo que se encargaba de la pierna izquierda del maestro tuvo que ir a hacer un recado y, mientras tanto, el otro discípulo, que se encargaba de masajear el pie derecho, vio la oportunidad de demostrar lo mal que le caía su hermano de *Guru*. Cogió un barrote de hierro que había allí cerca y le dio al *Guru* en toda la pierna izquierda, lo cual le dejó un enorme moratón. El *Guru*, como estaba en meditación en ese momento, apenas si se enteró de lo que pasaba. Sin embargo, al poco tiempo, cuando regresó el otro discípulo y vio lo que había sucedido en su ausencia, se enfureció tanto que cogió un martillo que había allí cerca y, cegado por su ánimo de venganza, empezó a golpear la "zona de *seva*" del otro discípulo...

¿Cómo podríamos titular esta historia? ¿"Torturado por dos discípulos"?

Pues eso es exactamente lo que el ser humano está haciendo con la Madre Naturaleza: la contaminamos; abusamos de ella; la violamos y la torturamos; por regla general, lo hacemos todo mal sin preocuparnos del impacto de nuestras acciones. La contaminación se desplaza por todo el planeta y, con frecuencia, afecta a zonas vírgenes protegidas. Quizás pensemos que la culpa la tienen otros pero quizás nosotros también hayamos colaborado al no comprender cómo viaja la polución, al no darnos cuenta de hasta qué punto estamos todos interconectados y somos interdependientes.

Es característico de una mente obtusa e ignorante el clasificarlo todo en términos de "esto es mío" y "esto es tuyo". Cuando alguien se meta con vuestro estilo de vida positivo, fijaos en quién lo dice. No os sintáis acomplejados ni avergonzados sino dadle una respuesta adecuada y muy firme ya que, de lo contrario, podéis acabar siendo víctima de más insultos y ataques. Hay que dejar las cosas claras en ese mismo instante. Vuestro nuevo estilo de vida es algo maravilloso que no podéis permitir que nadie ridiculice. El hecho de que los demás no sean capaces de comprender los beneficios y la alegría que tú obtienes no es excusa para que te critiquen. No porque alguien no sepa disfrutar de vuestro silencio le da eso derecho a alterar el vuestro.

Lo más importante es que estéis convencidos de que lo que hacéis es positivo y correcto ya que, si no estáis inseguros, os derrotarán con facilidad. Sois vosotros los que no debéis permitir que nadie os confunda u os haga dudar. Cuando uno está seguro de sí mismo, la gente o bien le adora o le deja en paz.

Debéis averiguar qué le conviene a vuestro desarrollo, vuestro crecimiento y vuestra plenitud. Estas prácticas que hacéis no solo no representan ninguna amenaza para nadie sino que, bien al contrario, podéis ayudar a los demás al compartir con ellos vuestra alegría y felicidad. Es muy importante que tengamos unas firmes convicciones.

Pongamos por ejemplo una vaca. En primer lugar, al pastar, medio mastica la hierba y la guarda en el *rumen*, el primer estómago, donde se va ablandando. En el segundo estómago, el *retículo*, se sigue ablandando aún más para, seguidamente, devolverla a la boca en pequeños bolos que la vaca rumia y almacena en su tercer estómago, llamado *omaso*, donde se siguen procesando los alimentos hasta pasar finalmente al cuarto estómago, el *abomaso*, que es donde se produce la digestión en sí y desde donde se distribuyen todos los nutrientes por todo el cuerpo de la vaca para aportarle la energía vital.

Este proceso digestivo de la vaca es una analogía excelente para la "digestión" del conocimiento que tiene que hacer el ser humano. Primero escuchamos el mensaje, las enseñanzas, y debemos "rumiarlo" para extraerle su significado más profundo; seguir contemplando para encontrarle más mensaje y cavilar sobre ello, igual que hace la vaca con el bolo. Finalmente, llegaremos al punto en que podamos "asimilar" esas preciosas enseñanzas, que las integremos en nuestro ser y las apliquemos a nuestra vida diaria. Puede resultarnos útil pensar un poco en esta meditación tipo "vaca" y, cuando veáis a una por el campo, consideradla también como una forma del Maestro.

Con estos fundamentos, no se pierde ni se desperdicia nada. El conocimiento que se implanta en alguien nunca se pierde. Puede que uno pase un tiempo sin recordarlo pero nunca se pierde; simplemente se acumula en el archivador de la mente para poder utilizarlo cuando se necesite. En cualquier momento que nos concentremos en el Maestro, se establece la conexión de forma inmediata y nos llega el conocimiento.

Recordad las enseñanzas y las tareas que os hayan dado, e intentad no dejaros influenciar por fuerzas, comentarios o actitudes negativas de los demás. Al contrario, irradiad vuestra energía espiritual positiva igual que las flores esparcen su aroma. Caminad como el león, llenos de confianza y seguridad. El león no necesita que nada ni nadie le confirme quién es porque él lo tiene muy claro.

Iniciación

Muchas veces me preguntan por la iniciación. Son tantas las ideas que tiene la gente al respecto que la confusión es tremenda. ¿Cuál es el auténtico significado de "iniciación"?

La iniciación, al igual que todas las demás cosas de la vida, también se ha comercializado. Al parecer, todo el mundo da iniciación y le otorga instantáneamente, al que la recibe, el nivel de "maestro" o de "*guru*".

En el mundillo espiritual de hoy en día, hay de todo, sobre todo en Norteamérica. Si pagamos la cantidad de dólares que se nos pida, puede que en pocas semanas recibamos un certificado y podamos empezar a practicar. Eso es lo que se lleva actualmente. Casi todo sirve, se usa y/o se aprovecha para hacer negocio.

La iniciación consta de muchas etapas y aspectos. Por ejemplo, la concepción es una forma de iniciación; el nacimiento es una forma de iniciación; cada etapa de la vida aporta una forma nueva de iniciación.

Sin embargo, además, tanto a nivel espiritual como tradicional, la iniciación es algo repleto de simbolismo. Aunque sean muchas las etapas e infinitos los aspectos, desde el punto de vista espiritual, la iniciación se produce cuando un auténtico *Sátguru* le imparte el conocimiento sagrado a un discípulo preparado para ello y le "inicia" en el sendero de la espiritualidad. Por tanto, cuando un Maestro decide darle a un discípulo o aprendiz cierto conocimiento secreto, eso es una iniciación. La iniciación espiritual se puede comparar al hecho de revelarle a un alumno el secreto de la energía atómica. Por tanto, iniciación quiere decir impartir cualquier conocimiento, fórmula, herramienta o clave secreta a un alumno para incrementar sus conocimientos y su comprensión de los misterios de la vida, la felicidad y la dicha suprema.

Obviamente, existen varios niveles de iniciación. A veces me preguntan qué es lo que puedo ofrecer, qué les puedo dar. Pues la verdad es que no es cuestión de lo que yo pueda dar sino de qué y cuánto sois capaces de asimilar, procesar e implementar. ¿Hasta qué punto somos capaces de digerir, aplicar, experimentar y vivir el conocimiento sagrado? ¿Hemos purificado el cuerpo, la mente, el ego y las emociones para poder soportar esa poderosa energía? Ya he comentado muchas veces que el cuerpo sutil es el transformador que permite que la "alta tensión espiritual" se pueda manifestar en el individuo. Para que la luz y el conocimiento divinos puedan resplandecer en la conciencia individual es imprescindible que se haya purificado el cuerpo sutil en sus cuatro aspectos – intelecto, mente, ego y emociones.

Hay gente que se conforma con poco y que no quiere más responsabilidad. Por ejemplo, hay gente que se conforma con tener un sueldo de quinientos dólares y que no quiere complicarse la vida con más, aunque tenga infinitas posibilidades de ganar más. Pongo ese ejemplo porque a la gente no le cuesta comprender los ejemplos con dinero. Es un caso muy real. Si a esa misma persona la colocaran en un puesto en que ganara cinco mil dólares, no querría un cargo con tanta responsabilidad. El dinero no es más que una forma de energía que requiere responsabilidad y sabiduría, y que también se puede utilizar de forma incorrecta. La cuestión es: ¿cuánto conocimiento, energía y poder somos capaces de utilizar, manejar o asimilar para poder crecer de forma equilibrada? Yo siempre le doy a la gente infinitas posibilidades para que crezcan y aprendan tanto a nivel mental como espiritual. La cuestión es: ¿Serán capaces de soportarlo? El límite es el cielo. El espacio es infinito, como también lo son el poder, la energía y la vida.

Son innumerables los casos de individuos que han recibido cierto poder repentinamente. El problema en esos casos es cuando la persona no está preparada o lo que le motiva es su egoísmo, porque entonces hará un uso incorrecto o incluso le llevará a la corrupción. La historia está repleta de casos de personas que recibieron poder y no supieron utilizarlo correctamente: Hitler, Stalin, Napoleón... por poner unos pocos ejemplos.

La cuestión a tener en cuenta siempre es cómo utilizar una energía o fuerza tan tremenda. Por esa razón, el auténtico Maestro solo da iniciación al discípulo que está preparado para asimilar todo ese poder.

En el ámbito de la iniciación existe un proceso llamado *shaktipat*, que consiste en transmitirle energía espiritual al discípulo en el momento adecuado y cuando se considera que está preparado y receptivo. Cuando el discípulo sea capaz de contener esa potente energía y no hacer mal uso de ella, puede sucederle que se despierte y, de repente, se encuentre rebosante de ella. Puede que, entonces, tenga el poder de convencer a la gente, de persuadir, de sanar, de dar, de fortalecer a las personas y de obtener todo lo que quiera. Eso se llama *shaktipat* – dices algo, afirmas algo o pides algo y todo el mundo accede sin rechistar. *Shaktipat* es como si se nos viniera la energía espiritual encima –

como cuando las manzanas caen del árbol. La energía mística es increíble.

Una iniciación espiritual es una experiencia mística. Es más privada e individual que colectiva. Conviene mantener esa energía a nivel confidencial puesto que es sagrada y secreta. Hay que conservarla y utilizarla para avanzar más en el propio camino espiritual. Lo mismo sucede cuando se recibe un *mantra*. Cuando se nos da un *mantra* a nivel individual, es recomendable no revelárselo a nadie. Es algo exclusivo y confidencial para nosotros. Por lo tanto, se puede considerar que la iniciación espiritual es todo un rito iniciático que transporta al buscador de un nivel de existencia y de conciencia al siguiente.

Preguntas y respuestas

Introducción de Svamiji: Una vez más volvemos a estar conectados gracias a la tecnología, aunque siempre estáis conectados conmigo. En cualquier momento que podáis sintonizar o pensar, la conexión se establece. A nivel espiritual, nos podemos conectar en cualquier momento y lugar. Ya sea en forma física o mediante la tecnología, aquí estoy para responder a algunas de vuestras preguntas.

Pregunta: Svamiji, ¿puede hablarnos, por favor, de cómo podemos hacernos merecedores de su gracia y cómo nos podemos abrir a ella?

Svamiji: Debemos comprender que la **unión** es un acto de abrirse a la conciencia. Tenemos muchas capas de conciencia: física, sutil, psicológica y psíquica; y las vamos atravesando una a una. Cuando uno se prepara interiormente – *antakárana*, la esencia interior de uno mismo – consigue comprenderse y, desde ahí, establecer una conexión con su Ser Superior, sabedor de que no es únicamente el cuerpo, los sentidos y los deseos, ni ninguna de las capas externas de su estructura, sino que también está conectado con el ámbito espiritual y que dicha conexión se establece cuando uno alcanza ese estado mental evolucionado. Es como cerrar la puerta de fuera y ver que la de dentro está abierta.

El mundo está lleno de distracciones, de contradicciones, de pensamientos e ideas; está repleto de *sankalpa*, el cual crea compromisos, intenciones y promesas; está lleno de *vikalpa*, que es cuando se abandonan dichas promesas o se encuentran alternativas o sustituciones. La mente funciona permanentemente en el nivel inferior de conciencia. La fuerza de la gravedad de la mente la atrae hacia la tierra. Cuando conseguimos ir más allá, por ejemplo, cuando nos sentimos extremadamente felices o, todo lo contrario, sufriendo a nivel extremo, en un estado de extrema emoción o desesperación, puede suceder que conectemos fácilmente con nuestra espiritualidad, algo para lo que nos es de gran ayuda si, en ese momento, estamos concentrados. Cuando se tiene conocimiento, uno se puede olvidar del mundo entero, sintonizar y prepararse para la energía superior, el conocimiento superior, la Gracia superior.

Pregunta: Cuando uno es un principiante en el camino espiritual pero quiere conectar con su Gracia, aunque aún no haya desconectado del exterior ni esté sumido en un tremendo estado de desesperación, ¿qué puede hacer para sintonizar con usted aunque aún tenga muchos deseos mundanos?

Svamiji: Pues para eso es para lo que estoy aquí, para compartirme con vosotros. Cuando escucháis lo que digo, cuando me oís, cuando pensáis en lo que digo, cuando contempláis y meditáis en el mensaje, o cuando haces una visualización o miráis una foto, estáis conectando conmigo. Son todos ellos unos métodos muy sencillos para sintonizar y constituyen los primeros pasos para profundizar y avanzar hacia una conexión más intensa. A medida que uno va progresando paso a paso, descubre que cada vez es más fuerte la conexión. La naturaleza de la mente es pensar, sin parar, y la mente es una de las energías más potentes que tenemos.

Es parecido al movimiento de las olas en el mar, que no se acaba nunca. Hasta la más mínima brisa levanta olas. La mismísima naturaleza de la mente consiste en crear pensamientos y deseos. La mente crea y vuelve a crear. Se parece a las burbujas del mar, que aparecen constantemente y que se vuelven a fusionar con el agua. Mediante la práctica, puede producirse esa conexión y mantener controlados los deseos mundanos.

Pregunta: ¿Podría hablarnos del amor? ¿Del amor divino?

Svamiji: El amor es una progresión. Se empieza con un simple cariño, como el que se siente por un recién nacido, el cual, instintivamente, sabe que está en buenas manos y, así, desarrolla un vínculo con la persona que lo cuida. Aunque un niño no sabría definir qué es el amor, sí que sabe expresarlo, y ese amor es muy profundo. Un bebé no necesita explicar qué es el amor sino que, simplemente, lo siente, y la madre lo percibe. Estamos obsesionados con pensar y saber, pero así es como empieza el amor. El amor es como un mar inmenso en el que podemos zambullirnos infinitas veces – igual que también podemos zambullirnos en el Amor supremo, ese amor incondicional que adopta la forma de *bhakti*. Según la definición de Nárada, el amor consiste en llenarnos del néctar de la inmortalidad; uno siente que cada célula del cuerpo, cada milímetro, cada nervio rebosa de amor de la Divinidad. Quien encuentra ese tipo de amor, disfruta de la plenitud eterna. Algo comparable al Amor divino es la iluminación. La experiencia del Amor supremo es como iluminarse. Es como enamorarse del Ser, del Ser no físico, del Ser Supremo – de nuestra auténtica esencia. Es un proceso de descubrimiento incondicional. La gente suele decir que siente amor por Dios sin saber qué es Dios. Dios deja de estar lejos de nosotros cuando comprendemos nuestra propia realidad suprema. No es como el amor humano corriente sino que es una profunda comprensión de nuestro propio Ser. Es una experiencia infinita. Cuando, por fin, comenzamos a descubrir nuestro propio Ser, es porque estamos más cerca del Ser Supremo, al que también podemos llamar Dios.

Pregunta: Svamiji, ¿podría explicarnos la verdadera diferencia entre religión y auténtica espiritualidad?

Svamiji: La religión nos prepara el terreno por el que debemos caminar, y nos enseña los principios básicos. Pero se llega a un punto en que uno mismo es el único responsable de su propia religión y de su progreso espiritual. Es un paso más, desde lo que hemos aprendido hasta liberarnos finalmente de los dogmas de nuestra religión o cultura en particular. Se puede comparar a una serpiente mudando de piel. Puede que las religiones establecidas tengan su propósito y que nos ayuden y nos sirvan de apoyo, pero también tienen sus limitaciones. Es como aprender los fundamentos en el colegio y en el instituto y, después, tener que seguir progresando para sacarse el doctorado. Debemos considerar que la religión es un trampolín. Hay gente a la que le costaría mucho comprender el concepto de una existencia superior si no tuvieran unas creencias positivas. La religión nos aporta orientación. Sin embargo, cuando uno aprende a andar, tiene que ponerse a caminar a solas y ser plenamente responsable de sí mismo y de su crecimiento.

Pregunta: Svamiji, antes ha hablado de la diferencia entre la compasión y la gracia; como diciendo que la compasión es una energía universal mientras que la Gracia es más individual.

Svamiji: La compasión es como el resplandor del sol. Es lo único que se puede permitir tener un Ser Superior – compasión por todo y por todos. No se puede permitir enfadarse porque la furia de un Ser Superior puede destruir el mundo entero. Cuenta la historia de Rama que una única mirada suya de enfado podía bastar para acabar con el mundo y, sin embargo, Él llora en su búsqueda de Sita, y actúa como un ser humano normal – desesperado. En el nivel más elevado no cabe la ira – solo la compasión, como fue el famoso caso de Buda, repleto de compasión.

Pregunta: ¿Qué es lo que atrae a la Gracia? ¿Cuáles son las cualidades del buscador que la atrae?

Svamiji: La Gracia es una energía muy individual. Cuando uno se esfuerza realmente por evolucionar, cuando hace todo lo que puede por conseguir algo, le viene la Gracia. Te voy a poner un ejemplo de qué es la Gracia. Había una ave marina al borde del mar que estaba desesperada. Al pasar por allí un Ser Superior y darse cuenta de lo angustiada que estaba esa criatura, le preguntó: "Pajarillo, ¿por qué estás tan afectado?"

El pájaro contestó: "Porque el mar se ha llevado mi nido, mis huevos y mis crías; y yo ahora debo destruir al océano".

El ser superior le respondió: "No te agobies, pajarillo. Yo te ayudaré" y, cogiendo todo el mar en sus manos, se lo bebió, lo cual permitió que el pájaro pusiera huevos y criara sus polluelos.

Eso se llama Gracia: cuando uno se esfuerza al máximo y la merece – no solo la desea. Pero uno debe realmente afanarse y no solo decir: "Ya he repetido tantas veces el *mantra* y tal. Dame ya la Gracia". Eso no funciona así y no vale de nada fingir. Pero cuando uno se esfuerza al máximo y con sinceridad, la energía de la Gracia aparece de forma inesperada.

Pregunta: Svamiji, ¿puede hablarnos de la sinceridad?

Svamiji: La sinceridad es ser auténtico. Es cuando nuestra actitud refleja lo que somos interiormente. Todo nuestro ser, nuestros pensamientos, lo que decimos y lo que hacemos, todo eso tiene que ser tan claro como el agua de un lago de alta montaña, que nos permite ver todos los guijarros del fondo. El corazón tiene que tener la pureza de un niño – un niño que aún no ha aprendido a fingir ni a manipular, porque más adelante sí que lo aprende. La auténtica naturaleza del corazón es autenticidad. La sinceridad solo resulta evidente cuando cuadra perfectamente lo que se piensa con lo que se dice y con lo que se hace. Cuando esos tres aspectos no coinciden, no puede existir la sinceridad.

Si queremos recibir la Gracia, hay que ser sinceros. Se requiere tener un corazón puro. Mientras uno finja, no puede entrarle la Gracia. Debemos intentar vaciar primero nuestra vasija, porque está llena de deseos. Hay que eliminar todas esas cosas. Quien quiera la Gracia, esos son los requisitos que debe cumplir.

Pregunta: ¿Cuál es la mejor forma de contemplación, Svamiji? ¿Cómo podemos despojarnos de todos esos elementos? ¿Cómo podemos deshacernos del ego? Con tantas capas de obstáculos, ¿cuál es la mejor manera?

Svamiji: Cuando uno avanza por el camino de la devoción, la *sádhana* y la búsqueda espiritual, el proceso consiste en "derretirse", como cuando, al brillar el sol, la nieve y el hielo se empiezan a deshacer. Cuando se practican las disciplinas de *sádhana*, devoción, humildad y conocimiento, no tenemos por qué preocuparnos del ego porque se disuelve por sí solo, bajo la influencia de la misma naturaleza y energía de la devoción y el amor. Entonces sí que está uno listo para la contemplación.

Pregunta: ¿Cómo puede el buscador aumentar su *bhakti*, su devoción, sobre todo cuando uno no es especialmente emocional?

Svamiji: No solo el ser humano anhela ser querido sino que todas las criaturas comparten ese mismo deseo. Es una parte intrínseca de la naturaleza del ser humano. Todos deseamos querer y ser queridos. El amor es el instinto básico de todas las criaturas y por eso hay que desarrollarlo, para que se vaya refinando, profundizando y vaya adquiriendo más significado.

Pregunta: ¿Cómo se refinan el corazón y la devoción?

Svamiji: Conociendo. Cuando se reconoce toda la belleza que hay, todas las cosas maravillosas y extraordinarias que existen, entonces el corazón se llena espontáneamente de amor y uno crece como una flor en la tierra y clima adecuados. El conocimiento es lo que hace que queramos aprender más. Cuando uno se encuentra con una hermosa flor en el campo, se fija en lo bonita que es y siente amor y devoción de manera espontánea.

Pregunta: Svamiji, ha mencionado la combinación de *bhakti* y conocimiento, y que ambos se complementan. ¿Podría hablar un poco más de eso?

Svamiji: *Bhakti* es como la esencia de la vida y, cuando *bhakti* se combina con el gran conocimiento, aporta claridad y comprensión de uno mismo. Cuando se combinan el conocimiento con el *bhakti*, nos liberamos de cualquier ansiedad, inseguridad y miedo. El conocimiento, por si solo, puede resultar muy seco pero el *bhakti* es como un catalizador. Por tanto, los dos juntos constituyen un hermoso paquete, al que también se suman el servicio o *seva* y el *karma yoga*. *Bhakti* surge del corazón mientras que el conocimiento se sirve de la facultad de pensar, del cerebro, de la capacidad de raciocinio, de alcanzar conclusiones lógicas, de conseguir comprender el cuerpo, a uno mismo o lo que está más allá. Cuando se combinan ambos aspectos en nuestra prácticas, el resultado es muy bonito.

Es algo comparable a cuando se preparan los campos. Digamos que tenemos un campo seco y queremos plantar flores. ¿Qué tenemos que hacer? En primer lugar, ararlo. Después, echar algún fertilizante y regar; y, en poco tiempo, tendremos el campo preparado para el cultivo. Entonces ya podemos plantar las semillas porque crecerán mejor y más deprisa en esa tierra enriquecida. Así es como se cultiva el *bhakti* y el conocimiento y, entonces, éste se convierte en *sátsang* – en un vínculo con la verdad, con el Ser Supremo o divino, que es quien nos aporta aún más conocimiento. También se puede practicar la contemplación ininterrumpidamente para obtener conocimiento.

Pregunta: Ha mencionado el *seva*. En occidente no se entiende muy bien eso de que el *seva* es un servicio al principio divino. ¿Podría comentar un poco su significado y su poder?

Svamiji: El *seva* es un aspecto fundamental del ser humano. Fíjate en el mundo: todo nos aporta sus servicios. Nos dan el viento, el agua, el perfume de las flores, los árboles producen oxígeno – todos hacen *seva* para ti y para todos los demás que estamos en este planeta. En cambio, ¿tú qué haces? ¿Qué le aportas tú a la naturaleza, a la Madre Tierra, a tu comunidad, a tu *Guru*, a tu Maestro, a tu familia, a tus amigos? El *seva* constituye una parte esencial de las prácticas. ¿Cómo puede alguien decir que no quiere hacer *seva*? El *seva* es uno de los grandes métodos de purificación. Sea como fuere, también nos aporta plenitud.

Pregunta: ¿Cuál es la forma mejor y más pura en que un ser humano puede servir en esta vida?

Svamiji: El *seva* tiene infinitos aspectos pero, cuando alguien está desesperado y le podemos ayudar, sin duda eso es uno de los mejores *sevas* que se pueden hacer. Ayudar a alguien a superar su desesperación, o apoyar una causa noble o repartir el conocimiento es un gran servicio, con el que no solo no se pierde nada sino que se tiene todo por ganar. ¿Qué nos impide hacer *seva*, servir a los demás? En la actualidad se ha convertido en algo muy difícil a causa de la comprensión limitada de la sociedad. La conciencia colectiva es la que ha causado esta falta de sensibilidad hacia el sufrimiento y la angustia de los demás.

Pregunta: Svamiji, esto es una cuestión que se plantea mucha gente y que parece ser un obstáculo para que algunas personas se involucren en serio en el camino. Se nos ha dicho que existe un Dios pero el mundo está lleno de negatividad, violencia y oscuridad. ¿Cómo pueden coexistir?

Svamiji: Sencillamente porque la dualidad forma parte del mundo, lo cual quiere decir que tenemos luz y oscuridad dentro. El día y la noche, la dualidad, están siempre presentes. Es la naturaleza del *samsara*, del mundo y, por tanto, se ha convertido en la naturaleza del ser humano. El mundo se compone de luz y de oscuridad; de bondad y de maldad – y hasta eso es relativo. Y repito, es responsabilidad del ser humano escoger una de las dos tendencias. Si escogemos la luz, tendremos luz, y si escogemos la oscuridad, tendremos que aceptar las consecuencias de nuestra elección. De hecho, es una gran libertad tener tantas opciones. Sin embargo, la oscuridad también es una fuerza muy poderosa y la tentación de caer en ella es considerable, sobre todo cuando uno quiere reforzar el ego. No requiere mucho esfuerzo sumirse en la oscuridad porque el camino siempre es cuesta abajo y no es difícil alcanzar la destrucción. En cambio, para crear amor se necesita tiempo, mientras que la rabia puede saltar como una chispa. Si uno se fija en la predominancia de las fuerzas negativas, puede parecer que son más poderosas pero eso no quiere decir que realmente lo sean. La tentación de quedar atrapado en la oscuridad es mayor para quien no tiene una auténtica comprensión de sí mismo ni posee conocimiento superior.

Pregunta: Svamiji, ¿qué es el *karma*?

Suámiyi: Todo lo que se hace es *karma*. En el pasado hemos acumulado *karma* y ahora estamos creando *karma*, cada día. El resultado del balance de *karma* del pasado y del presente es lo que decide el desarrollo futuro de la vida, y se convierte en la suma global de nuestro destino. El *karma* no tiene escapatoria porque lo creamos constantemente, tanto el bueno como el malo. *Karma* es la naturaleza misma del cuerpo físico de las personas – excepto de quien no esté apegado a sus acciones.

Pregunta: ¿Cuál es la mejor forma de no identificarnos con nuestras acciones, de no ser el protagonista?

Svamiji: Si consideramos que somos el sujeto que realiza la acción, entonces debemos asumir nuestra plena responsabilidad. Sin embargo, cuando nos convertimos en un observador, nos volvemos mucho más neutrales y no nos identificamos con nada de lo que esté sucediendo. Cuando nos desapegamos y no nos consideramos el protagonista, tampoco hay repercusiones *kármicas*.

Pregunta: ¿Qué prácticas ayudan a desarrollar esa sensación de ser un mero observador?

Svamiji: Recordarnos constantemente que somos un observador; recordar el conocimiento y recordárnoslo insistentemente – ¡porque el ser humano es olvidadizo por naturaleza! Por esa razón, la gente que se supone que deben quererse se pasan el día diciéndose el uno al otro: "Te quiero, te quiero", aunque hay veces que no es más que por pura retórica. Recordarnos que las cosas tienen su utilidad: "No soy el cuerpo; no soy los sentidos; no soy mi rabia, mis deseos, mi frustración ni mi depresión. Mi cuerpo es mi vehículo y el medio para conseguirlo". Es mejor que nos lo recordemos nosotros mismos que no que otra persona nos tenga que recordar algún fallo nuestro o alguna falta de conducta, porque eso podría hacernos sentir heridos y provocar en nosotros una reacción violenta al intentar defendernos, justificarnos o iniciar una discusión muy acalorada sobre lo que nos acaben de decir.

Personalmente, no me suele gustar recordarle las cosas a nadie ni corregirle, excepto en mis charlas. He tomado la determinación de no corregir a nadie porque, de lo contrario, serían demasiado fuertes el impacto emocional y la crisis personal. Por eso prefiero que la gente aprenda de mis charlas para que ellos mismos se puedan recordar las cosas; para que ellos mismos puedan detectar sus problemas y corregírselos. Para purificarnos, tenemos que desarrollar la capacidad de detectar y eliminar los problemas por nosotros mismos, porque así es como nos podemos convertir en nuestro propio maestro. Podemos observar nuestros pensamientos, emociones y formas de manifestarnos, y preguntarnos: "¿En qué me he equivocado?". La autocorrección es el método para crecer.

Así Conocerás La Verdad

Glosario

Antakárana La esencia más profunda de uno mismo

Antarang El mundo interior en el ser humano

Árati Ritual mediante el cual el buscador se entrega como ofrenda y le ruega a Dios o al *Guru* que le saque de su desesperación y del sufrimiento del mundo

Atma(n) El Ser, el alma inmortal

Átmico/a Que hace referencia al *Atma*

Akasha El cielo; el éter; espacio libre

Akáshico (registro) "Biblioteca" a nivel sutil en donde se conserva un registro de todo lo que sucede y que representa la conciencia cósmica que se tiene, tanto a nivel individual como colectivo, de los pensamientos, del habla y de las acciones

Áryuna En la *Bhágavad Guita*, personaje que recibe el Conocimiento; amigo y discípulo de Krishna, el cual le revela el conocimiento sagrado en medio del campo de batalla llamado Kurukshetra

Áshram Centro preparatorio para buscadores espirituales; centro de aprendizaje y crecimiento personal bajo la guía de un auténtico *Guru*; lugar de retiro espiritual

Aiurveda "Conocimiento de la vida"; antigua ciencia de la salud, iniciada por el sabio Dhánvantri,

	y que se basa en los principios de la naturaleza del funcionamiento del cuerpo
Bhágavad Guita	"El canto del Señor"; famoso poema místico que consta de 18 capítulos y que contiene el sagrado diálogo entre Krishna y Áryuna; uno de los principales tratados de filosofía y de la espiritualidad; texto fuente de la filosofía hindú
Bahirang	Aspecto externo del ser humano
Brahma	"El Creador"; uno de los miembros de la trinidad del hinduismo (ver el capítulo 2: Llena la mente de positividad)
Brahman	La Realidad suprema, absoluta y más elevada; la Conciencia omnipresente, omnisciente e inalterable
Brahmarandhra	"Loto de mil pétalos" (*sahásrara chakra*) localizado en la coronilla
Bhayan	Canto devocional
Bhakti	Amor espiritual y universal; devoción
Chandan	Pasta de sándalo
Chandramá	Luna llena
Dámaru	Tamborcillo que se sujeta con una mano vinculado a Shiva en su forma de Nataraya mientras realiza la danza cósmica denominada *tándava*
Durga	Aspecto guerrero de Párvati, que consta de

diez brazos; es la que derrota a los demonios en los momentos de intensa desesperación

Gunas Lit.: cuerda o hilo – una abstracción que hace referencia a las "tendencias", las tres cualidades sutiles o principios fundamentales o predisposiciones de *prákrti* (naturaleza universal). Todos los seres están sujetos a dichas herramientas de *Maia*, lo ilusorio. La creación no podría haberse producido sin estas tres cualidades sutiles:

- *Sattva* – cualidad de luz y positividad
- *Rayas* – impulso de la pasión y la actividad
- *Tamas* – la característica de la oscuridad, el letargo y la negatividad

Guru *Gu* – oscuridad; *ru* – luz; guía o maestro espiritual que nos lleva desde la oscuridad de la duda espiritual a la luz del auténtico conocimiento – el *Sátguru* (el *Guru* Supremo)

Iagña Ceremonia de ofrendas en la que se invoca el contacto con seres superiores; ceremonia del fuego; celebración y descubrimiento del Conocimiento

Iáiurveda Ver *Vedas*

Iuga Era o ciclo de tiempo; las cuatro *iugas* (ver el capítulo 10: "El concepto del *guru* y las fases del tiempo")

Kabir Poeta místico de la India. Vivió en el siglo XIV y fue admirado tanto por hindúes como por sikhs y musulmanes. Con su

	característicamente sencilla estructura poética (*doha* o pareado), Kabir dio todo un giro a la filosofía de la India
Karma	Acción; trabajo; hechos; conducta; el resultado de nuestras acciones
Karma yoga	*Yoga* de la actuación desinteresada, en la que no se busca reconocimiento ni recompensa alguna por lo que uno haga
Krishna	Encarnación de Vishnu; sus historias y enseñanzas constituyen una parte esencial del hinduismo al ser aplicables a la vida diaria
Lila	El juego divino; el amor divino que se involucra activamente en los asuntos del mundo
Mantra(m)	Concentración de energía en determinados sonidos o sílabas sagradas (ver la charla titulada: "*Mantras*")
Maia	El gran espejismo de que el mundo es la realidad; la Madre Naturaleza
Mithilá	Región de la antigüedad situada al noreste de la India en la que nacieron muchos seres iluminados
Nárada	También conocido como *Nárada Muni*, y siempre acompañado por el instrumento musical llamado *vina*, fue un sabio divino y ardiente devoto de Vishnu al que se suele describir como un viajero cósmico con la habilidad de desplazarse a cualquier mundo o planeta

Paramatman	El Ser supremo; la Divinidad
Párvati	Consorte de Shiva; encarnación de la Madre Divina
Prana	La fuerza vital; el aliento vital
Prasad	Lit: Regalo lleno de gracia divina. Todo aquello que nos regala un Ser Superior, especialmente en forma de alimento
Purna	*Purna* (totalidad) viene de la raíz *pri* – llenar. Por tanto, *purna* significa "lleno" o "completo". También se puede interpretar como lo infinito, la totalidad y la plenitud
Puranas	Textos de la antigüedad que contienen y transmiten enseñanzas sobre los principios y valores espirituales mediante cuentos y leyendas de deidades y seres superiores
Roti	Pan sin levadura típico de la India
Sádhana	Práctica espiritual
Sadhu	Buscador de la Verdad; mendigo errante
Sánscrito	El idioma completamente lógico más antiguo, pero cuyo uso se mantiene hoy en día; origen de las lenguas indoeuropeas
Sátsang	*Sat* – verdad; *Sanga* – compañía; lit: "vínculo con la Verdad". Estar en presencia de santos, seres iluminados y de sus enseñanzas
Saswath	Siempre nuevo; eternamente embriagador y lleno de dicha siempre renovada

Sankalpa	Deseos; intenciones con determinación; compromiso
Saniasa	Renunciar a los deseos y a la atracción del mundo
Shakti	Poder; energía; el poder divino de la energía cósmica
Seva	Servicio desinteresado, sin expectativas de reconocimiento ni de recompensa
Suria	El Sol
Tándava	Danza cósmica de la creación y la destrucción que realiza Shiva
Túlsidas	Gosuami Túlsidas (1532-1623) fue un poeta y filósofo/santo de la India
Vedas	Lit: auténtico conocimiento; antiguas escrituras sagradas que se componen de cuatro colecciones:

- *Rigveda* – trata sobre el auténtico Conocimiento
- *Samaveda* – cantos y rituales devocionales
- *Iáiurveda* – se ocupa de los aspectos de la salud y la medicina
- *Athárvaveda* – trata sobre los aspectos de la naturaleza

Vedanta	Sistema filosófico basado en la esencia de los Vedas y que se ocupa de la naturaleza y relaciones de tres principios:

1. el Principio supremo

	2. el mundo
	3. el alma individual
Vikalpa	Oscilaciones de la mente; desentendernos de nuestros compromisos y promesas; encontrar alternativas y sustituciones
Viveka	Discernimiento basado en una investigación previa que tiene como resultado el auténtico conocimiento
Yánaka (rey)	Rey de Mithilá; monarca iluminado
Yivatman	El alma individual encarnada
Yoga	Lit: unión; procede de la raíz *yuk* – unir; de ahí palabras como "yugo". Los impulsos y las tendencias de la mente, que nunca se aquietan, acaban bajo el "yugo" y el discernimiento del Ser supremo mediante la práctica del *yoga*. Existen distintos tipos, cada uno de los cuales se enfoca en un aspecto determinado, aunque todos ellos conducen hacia la armonía y la integración de la totalidad de la existencia

Nota: Aunque algunos de los términos de este glosario también aparecen explicados en el texto, hay muchos otros vocablos sánscritos que también se explican y describen con detalle en las anteriores páginas. Por ejemplo: *iantra, mantra, tantra, shaktipat, ganga asnan*.

ENCUENTROS CON SVAMI PURNA:
Retiros presenciales y televisados

Dedicarse a las enseñanzas y a la gracia de Svami Purna es una gran odisea en la que cada nuevo encuentro constituye una visita a un lugar sagrado en nuestro propio peregrinaje de crecimiento e iluminación interior, un periplo de descubrimientos y de conexión con Svami Purna, al que podemos acceder asistiendo a los **retiros presenciales** y en los **retransmitidos por Internet**. Dos veces al año se organizan **retiros de «Gracia Suprema»** en los que se ofrece la posibilidad de profundizar en las enseñanzas de Svamiji así como de experimentar, de forma directa, la intensidad de Su gracia y Energía divinas, además de ofrecernos la oportunidad de reunirnos con esta familia espiritual cada vez mayor y apoyarnos entre todos. Por todo ello, los retiros constituyen un potente catalizador para el crecimiento interior al tiempo que facilitan dedicarnos a nuestro propio camino en un ambiente de cariño, de apoyo, de sanación y de inspiración.

Los retiros de la **«Gracia Suprema»** tienen como foco principal las charlas de Svami Purna sobre la ciencia del *yoga*, en la que se incluyen distintas técnicas y prácticas para conseguir llevar una vida sana y equilibrada, así como para alcanzar nuestros objetivos espirituales. Con sus charlas, Svamiji imparte los más elevados conocimientos sobre los secretos de la verdadera libertad y la iluminación, mientras que las sesiones de preguntas y respuestas nos brindan una oportunidad de consultarle directamente sobre las dificultades que puede que estemos experimentando en ese momento, o de planteG arle preguntas más generales sobre el camino y la Verdad suprema.

Por otro lado, Svami Purna también realiza webcasts (programas retransmitidos por Internet) a lo largo del año para mantener un diálogo ininterrumpido con sus seguidores y reforzar el aprendizaje y crecimiento que aportan los retiros. Dichos **«Diálogos con la Divinidad»**, que es el nombre que reciben los webcasts, complementan las enseñanzas que se ofrecen en los retiros, además de proporcionar la posibilidad de profundizar cada vez más nuestra conexión con la Gracia y los conocimientos vivos de Svami Purna. Svamiji aprovecha estas sesiones de entre 90 y 120 minutos para dar una corta charla y responder a las preguntas sobre el camino hacia la liberación y sobre cómo superar los obstáculos para poder alcanzar en esta vida nuestro objetivo supremo. Este diálogo en forma de preguntas y respuestas mantiene el formato tradicional en que se han impartido las enseñanzas más elevadas desde la antigüedad.

Algunos de los muy variados temas que se tratan en los webcasts son:

Las relaciones; el *karma*; el amor divino versus el amor del ego; el *mantra*; la entrega; la superacion de los obstáculos; el dinero; la familia y paternidad; sintonizar con la Gracia; los apegos; la muerte; la disolución del ego; la meditación; la liberación; la salud; las prácticas espirituales; cómo vencer las dudas y la autocrítica; la fuerza de la oración; el *guru* y la relación *guru*-discípulo; el *bhakti* (devoción) y su papel en el despertar espiritual; las cualidades del buscador ideal; la sinceridad; la naturaleza del sufrimiento y cómo superarlo; la protección espiritual; el servicio; la religion; el destino; cómo encontrar el *dharma* propio.

Tal y como dice Svamiji: «*La conexión siempre está ahí. Cada vez que os ponéis en sintonía con ella, estoy con vosotros. No cabe duda de que la cercanía física tiene su encanto pero quizás tenéis que asimilar todo el Conocimiento y, si yo estuviera físicamente más cerca de vosotros, no tendríais la oportunidad de pensar profundamente en él y de asimilarlo*».

Material audiovisual disponible.
Para más información www.adhyatmik.org

www.ingramcontent.com/pod-product-compliance
Lightning Source LLC
Chambersburg PA
CBHW050107170426
43198CB00014B/2492